D0619759

Silvia Adela Kohan

PLAZA JANÉS

Silvia Adela Kohan

Cómo se escribe

Poesía

PLAZA & JANÉS EDITORES, S.A.

Diseño de la portada: Jaime Fernández
Fotografía de la portada: Photonica

Tercera edición: septiembre, 1999

Printed in Spain – Impreso en España

ISBN: 84-01-54059-3
Depósito legal: B. 39.147 - 1999

Fotocomposición: Fort, S. A.

Impreso en Litografia Rosés, S. A.
Progrés, 54-60. Gavà (Barcelona)

L 540593

Sumario

Introducción

Escribir poesía es conectar con el espacio interno propio y dejarlo asomar. Su práctica supone encarar una forma de conocimiento y una exploración de la identidad personal. ¿El secreto para llevarla a cabo? Tener confianza en el poder de las palabras: saber que cada palabra lanzada al papel puede contener el mundo entero.

Al configurar un poema ingresamos en otra dimensión. Se trata de captar la realidad y transformarla, según distintas formas líricas. Para entenderlo mejor, debemos conocer los materiales que constituyen el poema, sus mecanismos básicos de producción, y dominar los modos más eficaces de lograr los efectos buscados.

En los primeros capítulos —en una primera fase— distinguimos entre poesía tradicional y moderna. Al hacerlo, nos apropiamos de los mecanismos imprescindibles para elaborar un poema. En los capítulos siguientes —en una segunda fase— profundizamos en el uso de los artificios básicos de la poesía como género. En una tercera fase trabajamos con diferentes tipos de materiales: el poema muy breve, el enfoque social y el satírico. Por último, nos ocupamos de los modos de iniciar un poema, de la exploración que lleva a cabo el poeta y de qué aspectos prevalecen en su exploración.

1
Las claves de la poesía

Poesía significa «producción» o «creación»: es el producto resultante de la imaginación y la invención. Aristóteles llamó poesía a lo que hoy conocemos como «literatura de ficción». Gorgias afirmó después que «poesía es todo discurso compuesto en forma métrica». Posteriormente, se introduce la noción de «verso» y la de «ritmo».

El poema es una realidad lingüística que depende de una serie de condiciones ineludibles. Según Mukarovsky, es «la forma literaria en la que se actualiza el discurso de la poesía mediante recursos propios de estructura y lenguaje, distintos de los que utiliza el discurso del relato y la lengua estándar, de tal manera que establece un código propio y se constituye en un signo único». Pero, al mismo tiempo, para la pregunta: «¿qué es un poema?», no hay una respuesta exclusiva, sino tantas como poemas existen.

Condiciones ineludibles

En general, el poema es un conjunto cerrado en el que prevalecen las imágenes sobre el argumento, la ambigüedad y la multiplicidad de significaciones sobre la interpretación directa y lineal. Es un hecho de lenguaje; si varía la organización verbal —el lenguaje que lo constituye— varía el poema. Lo mismo ocurre en un cuento o en una novela, pero la poesía logra hacernos vislumbrar aquello que insinúa y que si lo dijera directamente dejaría de serlo: un poema incita. Incita al lector e incita al poeta, que lo escribe con una carga peculiar y persigue el modo más exacto de dar sentido mediante la articulación —también peculiar— de fonemas, sílabas y palabras. Se trata de una relación de ida y vuelta entre la materia y el ser, el ser y la materia.

Mientras que para algunos poetas, como Novalis, «no es escritor el que domina el lenguaje, sino aquel que deja que el lenguaje hable en él», para otros, como Valerio Magrelli, «la poesía, como el tenis, tiene un sistema de reglas». Ambas posiciones son válidas.

Hay una serie de condiciones que nos permiten deslindar la poesía de otras clases de discursos y son las siguientes:

- Composición
- Ritmo
- Discurso objetivo
- Economía de lenguaje y tensión creativa
- Dominio del espacio
- Trabajo de la palabra

Tratamos cada una de estas condiciones como una primera aproximación a campos en los que iremos profundizando:

Composición

El poema está compuesto por un conjunto de versos distribuidos de una determinada manera. Cada línea del poema corresponde a un verso.

El verso es un conjunto de palabras determinadas por la medida y la cadencia. Su disposición produce un peculiar efecto rítmico. En contraposición a la prosa —línea continua en la página— el verso implica un corte (establecido por el poeta), que motiva la vinculación ineludible, y peculiar también, con el espacio en blanco que lo rodea y lo contiene.

Hasta la primera poesía del romanticismo, el discurso poético no pudo liberarse de los límites formales establecidos por la tradición. Por ello, a lo largo del siglo XX se ha hablado del verso regular y del verso libre como si fueran dos tendencias opuestas, y como si los poetas que se adscribieron a una u otra vertiente pertenecieran a bandos enfrentados. Así, por razón de su medida, los versos son métricos si se ajustan al mismo número de sílabas, y amétricos si no se ajustan a esta semejanza. Ahora, de cara a la escritura del poema, debemos recordar que todo está permitido y puede aprovecharse, siempre y cuando se atienda a la idea de «composición».

Ritmo

Escribir poesía es someterse al ritmo. La gran mayoría de los poetas sienten el ritmo como constituyente fundamental del poema, y la palabra como un aspecto dependiente del ritmo: la armonía proviene de la combinación de un conjunto de determinados elementos.

¿El poeta va a la búsqueda del ritmo o el ritmo es interno y conduce a la escritura? Ambas actitudes son posibles. Maiakovski describe de la siguiente manera cómo comienza a componer un poema: «Ando y gesticulo, berreo —apenas sin palabras aún—, acorto el paso para no entorpecer este bramido o bien berreo más deprisa, al compás de mis pasos. Así se va puliendo y va tomando forma el ritmo, base de todo lo poético, que lo atraviesa como un rumor. Gradualmente, de este rumor se empiezan a sacar palabras aisladas. ¿De dónde procede este ritmo-rumor fundamental? No se sabe. Para mí es toda repetición —en mí— de un sonido, de un ruido, de un balanceo o incluso, mirándolo bien, la repetición de cada fenómeno que marco mediante el sonido.»

El poeta escribe sometido a una regulación rítmica. El verso regular la impone de acuerdo a una serie de normas fijas; el verso libre nos permite amoldar el poema a nuestro estado emocional, creando cada vez un ritmo nuevo, pero nunca eludiéndolo: poesía es ritmo.

En toda lengua hay un modelo fonético básico. El ritmo poético no es el correspondiente al que resulta de la naturaleza silábica y fonética de las palabras que conforman el verso. Ambos pueden ser coincidentes o no. Pero está claro que el poético responde a las necesidades del poeta y del hecho estético.

Discurso objetivo

La poesía implica un discurso objetivo y, al mismo tiempo, la actitud más subjetiva del autor. Corresponda o no a un instante sentimental —o sea, referido al sentimiento— de un hombre o mujer determinados, es la expresión de una subjetividad. Sin embargo, el resultado final no es subjetivo. El poema no es un fragmento de la vida del poeta, sino una realidad transfigurada: siempre es un contenido ficticio el de la poesía. Podrá presentar la realidad histórica de un ser humano o a ese ser humano viviendo un punto de tensión determinado por circunstancias sociales o individuales, pero incluso así el poema como tal es objetivo. Subjetiva es la actitud, objetivo debe ser el resultado para ser trascendente.

Economía de lenguaje y tensión creativa

Una noción de la que depende la poesía es la de concentración imaginativa del lenguaje. La capacidad de sugestión y evocación es imprescindible para que el poema exista. Es decir, es la condensación máxima del lenguaje. Nunca explicar; mejor, sintetizar: de la síntesis a la tensión creativa hay un paso. Se economiza lenguaje, se apela a un detalle apenas, pero se sugiere un mundo. La tensión corresponde en el poema a la concentración del sentimiento. Para el autor, es el instante en el que se cruzan una serie de fuerzas internas que provocan la escritura contundente del poema. Es la concentración misma lo que genera un juego de tensión que el lector percibe.

Dominio del espacio

Los materiales con los que trabajamos en un poema, es decir el lenguaje, las palabras, se cargan de sentido según cuál sea su distribución en la página. Los blancos entre palabra y palabra, entre verso y verso, entre estrofa y estrofa, guían la lectura y aportan significaciones.

El sentido del poema se refuerza o se disgrega según cuál sea la distribución de palabras y signos gráficos en el papel.

Trabajo de la palabra

¿El material poético es el material lingüístico? ¿Ambos son coincidentes, son complementarios?

El material lingüístico es, en realidad, motor y freno para el poeta. Por supuesto que nos referimos a la palabra, como instrumento que recibimos y con la que trabajamos, de la cual somos —al escribir— amos y esclavos. Amos porque la recreamos; esclavos porque debemos atenernos a las reglas que la constituyeron a través del tiempo.

Dice Antonio Machado: «Las artes plásticas trabajan con materia bruta. La materia lírica es la palabra; la palabra no es materia bruta. Toda poesía es, en cierto modo, un palimpsesto.» Góngora, entre otros, redujo lo que pudiera parecer argumental y jugó con la palabra que deseó absoluta.

Además, en el poema, la palabra aislada no existe. Es decir que todas las palabras se conectan y forman parte de un contexto que las determina.

El empleo de la palabra en el poema nos permite poner en movimiento los siguientes aspectos:

Nombrar las cosas. ¿Dominamos la palabra? ¿Es igual lo que sentimos frente a algo, antes y después de nombrarlo?

Dice Gabriel Miró: «Hay emociones que no lo son del todo hasta que no reciben la fuerza lírica de la palabra, su palabra plena y exacta. Una llanura de la que sólo se levantaba un árbol, no la sentí mía hasta que no me dije: "Tierra caliente y árbol fresco." Cantaba un pájaro en una siesta lisa, inmóvil, y el cántico la penetró, la poseyó toda, cuando alguien dijo: "Claridad." Y fue como si el ave se transformase en un cristal luminoso que revibraba hasta en la lejanía. Es que la palabra, esa palabra, como la música, resucita las realidades, las valora, exalta y acendra, subiendo a una pureza "precisamente inefable" lo que, por no decirse ni decirse en su matiz, en su exactitud, dormía dentro de las exactitudes polvorientas de las mismas miradas y del mismo vocablo y concepto de "todo".»

Rebelarse. La poesía es lenguaje en rebelión. Es siempre un hecho original: cada poema configura su propio absoluto. El lenguaje cotidiano o el de la prosa no son apropiados para conseguir este absoluto. Por lo tanto, rebelarse frente a las reglas gramaticales, frente a los significados contenidos en el diccionario, frente a la construcción lineal de frases y párrafos, es parte del programa de transgresión que el poema exige. Dice José Ángel Valente: «La poesía de la experiencia está en las antípodas de la experiencia de la poesía. La poesía no admite condicionantes, utiliza un lenguaje rebelde, ajeno a los lenguajes comunicacionales, codificados. Los lenguajes comercial o político son falsificadores. Estamos dominados por palabras carentes de libertad. El poeta permite que la palabra hable por él. En realidad es la palabra la que nos controla a nosotros.»

Formas líricas

Cuando el mundo empieza a centrarse más en lo interior que en lo exterior surge la lírica. Esta lírica tradicional es una vía de experimentación poética tan significativa como muchas otras vías, que nos puede aportar ideas a la hora de escribir un poema.

La lírica siempre es subjetiva. Nació en Grecia, con posterioridad a la épica, y su nombre se vincula a la musicalidad de la lira. Los subgéneros líricos corresponden a la división establecida según el enfoque del poeta entre enunciación —expresión del mundo externo— y apóstrofe —del mundo interno.

Enunciación lírica

El poeta expresa y capta el mundo externo, pero aunque lo haga a través de su sentimiento, se diferencia de sí mismo. Esta actitud comprende las siguientes formas: cuadro (es la forma básica que engloba a las demás), idilio, égloga, letrilla, epigrama, epitafio y epitalamio.

Cuadro. Los poetas adoptan esta actitud lírica que les permite conectar lo que ven con lo que sienten. Así lo vemos en expresión de Antonio Machado:

> *En la glorieta en sombra está la fuente*
> *con su alado y desnudo Amor de piedra,*
> *que sueña mudo. En la marmórea taza*
> *reposa el agua muerta.*

Idilio. Es un cuadro pequeño al que también se suele denominar poema bucólico; ve la naturaleza de modo agradable y plácido, como lo hace fray Luis de León.

> *¡Qué descansada vida*
> *la del que huye del mundanal ruido*
> *y sigue la escondida*
> *senda por donde han ido*
> *los pocos sabios que en el mundo han sido!*

Égloga. Es un poema más extenso que el idilio, también de tema pastoril, y son famosas las de Garcilaso de la Vega:

> *Nunca pusieran fin al triste lloro*
> *los pastores, ni fueran acabadas*
> *las canciones que sólo el monte oía...*

Letrilla. Poema octosílabo o hexasílabo, de asunto ligero o satírico, en forma de villancico o de romance con estribillo que prefiere las fórmulas más breves y a veces consiste en una o dos palabras. Ejemplo:

> *Madre, yo al oro me humillo;*
> *él es mi amante y mi amado,*
> *pues, de puro enamorado,*
> *de contino anda amarillo;*
> *que pues, doblón o sencillo,*
> *hace todo cuanto quiero,*
> *poderoso caballero*
> *es don Dinero.*

FRANCISCO DE QUEVEDO

Epigrama. Poema breve que trata en forma condensada un asunto cualquiera, en especial de tipo satírico. Veamos un ejemplo de Baltasar de Alcázar:

> *—¿Qué hacías? —dijo Beltrán*
> *a su mozo Juan Retaco.*

—*Nada, señor. ¿Y tú, Paco?*
—*Yo estaba ayudando a Juan.*

Epitafio. Es la forma que se dedica a la memoria de un difunto y que se inscribe en los sepulcros. El de Leopoldo Panero empieza así:

Ha muerto
acribillado por los besos de sus hijos,
absuelto por los ojos más dulcemente azules
y con el corazón más tranquilo que otros días...

Epitalamio. Es un poema para celebrar las bodas y alabar a los esposos. Los hay incluidos en obras teatrales tales como *Fuenteovejuna*, de Lope de Vega.

Apóstrofe lírico

El mundo interno actúa sobre el mundo externo y viceversa. El «tú» objetivo dialoga y se compenetra con el «yo» del poeta. Hay una permanente influencia entre el «yo» y el «tú». Aunque cante algo que está fuera de sí mismo, el poeta interpreta la realidad a partir de sus emociones. Esta actitud comprende las siguientes formas: oda (es la forma básica), himno, madrigal, sátira y elegía.

Oda. Asociamos oda con canto. De hecho, para los griegos era un poema cantado. Para los latinos y para la literatura moderna es un poema lírico sin acompañamiento musical. El yo del poeta dialoga con un tú que ocupa el lugar del mundo objetivo. El proceso: combina versos heptasílabos y endecasílabos. En ella, el poeta muestra su entusiasmo ante algún hecho religioso, heroico o campesino, como la que mostramos a continuación de fray Luis de León:

> *¿Y dejas, Pastor santo,*
> *tu grey en este valle hondo, oscuro,*
> *con soledad y llanto,*
> *y Tú, rompiendo el puro*
> *aire, te vas al inmortal seguro?*

Himno. En el himno, el poeta expresa sentimientos sublimes. El proceso: se desarrolla a partir de sentimientos políticos, civiles, deportivos o religiosos. Se divide en tres variedades: ditirambo —que se cantaba en las fiestas—, epinicio —dedicado a los atletas— y salmo —religioso, como los de la Biblia.

> *Cantemos al Señor, que en la llanura*
> *venció del ancho mar al Trace fiero;*
> *tú, Dios de las batallas, tú eres diestra,*
> *salud y gloria nuestra.*

FERNANDO DE HERRERA

Elegía. La elegía sirve al poeta para expresar el dolor ante una desgracia y etimológicamente significa «llanto». El proceso: abarca desde la muerte de una persona a la reflexión sobre la muerte. Recordamos una famosa elegía de Jorge Manrique:

> *Recuerde el alma dormida,*
> *avive el seso y despierte,*
> *contemplando*
> *cómo se pasa la vida,*
> *cómo se viene la muerte,*
> *tan callando...*

Madrigal. Es un poema breve de tipo amoroso. El proceso: se desarrolla como piropo. Está formado por versos endecasílabos y heptasílabos de rima libre.

> *Ojos claros, serenos,*
> *si de un dulce mirar sois alabados,*
> *¿por qué, si me miráis, miráis airados?*
> *Si cuanto más piadosos,*
> *más bellos parecéis a aquel que os mira,*
> *no me miréis con ira,*
> *porque no parezcáis menos hermosos.*
> *¡Ay tormentos rabiosos!*
> *Ojos claros, serenos,*
> *ya que así me miráis, miradme al menos.*

GUTIERRE DE CETINA

Sátira. Poema que emplea la agudeza bajo la forma de la ironía, la alusión o la burla, para censurar al hombre y la sociedad. Sirvieron como modelo las sátiras amables de Horacio que contrastan con el humor cáustico de su contemporáneo Juvenal. A continuación transcribimos la sátira de Lope de Vega en la que hace una satírica descripción de Madrid:

> *Lugar de tantos cuidados*
> *que se dan y se reciben;*
> *lugar donde tantos viven*
> *envidiosos y envidiados.*

Canción. A la canción corresponde la pura interioridad: en ella, el yo y el mundo se funden. Es la más auténtica de las actitudes líricas tradicionales. Algunos poetas la llaman «rimas»; otros, «sonetos»; otros, «poemas»; pero casi todos en todas las épocas han compuesto canciones. Permite que nos expresemos libremente, aunque sus versos se atienen a reglas establecidas. Hasta la primera poesía del romanticismo, el poema fue incapaz de liberarse de los límites normativos. Pero esos límites formales no determinan su calidad ni su libertad. Lo que la caracteriza es la actitud subjetiva absoluta del poeta. Nos permite expresar, con la mayor intensidad, el estado de ánimo. Un ejemplo entre otros es el que nos proporciona Gustavo Adolfo Bécquer:

Cuando me lo contaron sentí el frío
de una hoja de acero en las entrañas,
me apoyé contra el muro, y un instante
la conciencia perdí de donde estaba...

El proceso lírico de la canción se desarrolla siguiendo una especie de círculo:

• Hay un movimiento rotativo en torno del estado de ánimo.

• El centro del círculo podría estar señalizado por el secreto íntimo del poeta.

• Hay una serie de palabras clave que, con frecuencia, tienden sus hilos hacia el centro.

• La repetición de palabras clave es un modo de apelar a la circularidad: entre una y otra palabra repetida se puede diagramar el círculo.

Lo podemos observar en un poema de Goethe, en que si bien parece que el poeta se refiere al paisaje, el movimiento circular, cuya palabra clave es «paz», nos remite hacia el interior del sujeto:

Sobre todas las cumbres
reina la paz.
En toda la enramada
apenas sentirás
algún hálito leve.
No turban las aves del bosque la quietud.
Espera, muy en breve
tendrás paz también tú.

2
Poesía tradicional. Su diferencia con la moderna. Las reglas clásicas

Para que exista el poema, una imagen pone en marcha toda la actividad lingüística. La imagen conmociona al sujeto y éste intenta materializar la conmoción, la chispa, mediante la escritura. El resultado es el poema. A partir de la misma imagen mental —pero del diferente trabajo del material lingüístico— podemos producir un poema tradicional o moderno.

Hay diferencias básicas entre poesía tradicional y moderna. A la poesía tradicional corresponden formas clásicas que nos conviene dominar, aun para descartarlas posteriormente. Al mismo tiempo, como en el territorio de la escritura los límites nunca son absolutos, podemos tomar aspectos de ambas y crear un poema novedoso. Dichas diferencias básicas —y, a la vez, claves para su comprensión— son las siguientes:

Poesía tradicional	Poesía moderna
• Rima y metro imprescindibles.	• Rima y metro no imprescindibles.
• Ritmo producido por la rima.	• Ritmo producido por la organización de las palabras en el espacio de la página.
• Vocabulario no cotidiano.	• Vocabulario muy variado y no convencional.
• Temas clásicos: amor - naturaleza - muerte.	• Temas: todos y todas sus variantes, incluso en el mismo poema.
• Unidad temática en torno a la cual se estructuran los temas.	• Sintaxis: disloque sintáctico funcional: depende de lo que quiere expresar el poeta.
• Sintaxis lógica o disloque sintáctico ornamental.	• Juegos narrativos incluidos en el poema.

Las reglas clásicas

Como decíamos, dominar las reglas de la poesía clásica es conveniente, incluso para transgredirlas. Nicolás Guillén escribe: «Creo que los poetas jóvenes deberían demorarse a estudiar los buenos modelos —no me refiero a los "viejos", sino a los clásicos: A veces pienso que a algunos poetas de indudables condiciones les sería necesario estudiar seriamente los medios de expresión, esto es, la gramática, las formas métricas, los géneros literarios, algún idioma— y, desde luego, el español. No quiero decir que yo pida ahora que los poetas jóvenes escriban como los poetas del Siglo de Oro; pero creo, eso sí, que éstos son ejemplares para una buena formación literaria. Por lo pronto, suelo preguntar a los poetas jóvenes, cuando me hacen el honor de someter a mi juicio algún poema, si han escrito aunque sea un soneto. No me siento cómodo cuando me doy cuenta de que ignoran las formas estróficas más elementales. A mi juicio, para revolucionar un arte, cualquiera que éste sea, es indispensable primero dominarlo.»

Entre estas normas, se destaca el empleo del verso regular que incluye un tratamiento particular de otros aspectos.

El verso regular

El verso regular es el que se ajusta a las normas métricas tradicionales. En el poema de verso regular el ritmo se consigue gracias a las siguientes características de la versificación, que constituyen un diseño fónico:

• La métrica equilibrada: isosilabismo, es decir, igual número de sílabas para los versos que componen el poema.

• La acentuación.

• La rima: repetición de sonidos.

• La pausa: la interrupción al final del verso, es decir, el violento corte que se establece en el discurso para conseguir la regularidad silábica.

Conocer el número de sílabas de cada verso, la posición de los acentos y cesuras, la constitución de la estrofa y las características de la rima, en un poema, son cuestiones que atañen a la métrica y sus variaciones. La medida del verso se cuenta desde su primera sílaba.

Nos podemos plantear, previamente a la escritura, si nos conviene algún tipo de métrica. Para ello, consideramos la necesidad subjetiva de un ritmo específico. Si nos sometemos a la imposición ineludible de una métrica determinada, podemos llegar al extremo de que varíe el tema que deseamos expresar. Pero también es posible que escribamos espontáneamente y descubramos nuestra métrica preferida durante la lectura posterior.

¿Cómo medimos los versos?

Nombramos los versos según su medida. Un verso regular está constituido por una secuencia de sílabas. De dicho número y de la acentuación que se otorga a las sílabas, depende la expresión de ideas, sensaciones, conceptos, motivadores del poema.

Practicar el método para medir los versos es un juego. Según la tradición, se dividen en versos de arte mayor y de arte menor, títulos rimbombantes que cuentan con numerosas variedades. Sin embargo, para muchos poetas la medición no constituye una imposición externa, sino que la utilizan como un dispositivo para estructurar lo que quieren decir, destacar ciertos aspectos o disimular otros. De hecho, el esquema métrico no es más que un indicador de medidas. Pero está comprobado que, aun usando exactamente la misma medida, se pueden producir poemas opuestos, sosegados unos, veloces los otros.

¿Qué es necesario tener en cuenta para medir un verso?
El número de sílabas que lo componen y el tipo de acentuación correspondiente de la última palabra.

El número de sílabas

Según su medida, los versos se clasifican en versos de arte menor —si tienen como máximo ocho sílabas— y versos de arte mayor —a partir de nueve sílabas—. Los vemos a continuación:

Versos de arte menor

• Bisílabos: dos sílabas. Ejemplo:

Cierra

PEDRO SALINAS

• Trisílabos: tres sílabas. Ejemplo:

Lágrimas

VICENTE HUIDOBRO

• Tetrasílabos: cuatro sílabas. Ejemplo:

Andas, ando

PEDRO SALINAS

- Pentasílabos: cinco sílabas. Ejemplo:

> *por entre escombros*
> PEDRO SALINAS

- Hexasílabos: seis sílabas. Ejemplo:

> *Cuál era tu sueño*
> JEAN ARP

- Heptasílabos: siete sílabas. Ejemplo:

> *Luego, entre glorias tantas*
> FRANCISCO DE QUEVEDO

- Octosílabos: ocho sílabas. Ejemplo:

> *como yo, Amor, la condición airada*
> LUIS DE GÓNGORA

Versos de arte mayor

- Eneasílabos: nueve sílabas. Ejemplo:

> *El vaso y el vientre se chocan*
> ANTONIN ARTAUD

- Decasílabos: diez sílabas. Ejemplo:

> *Se llega al sol por encantamiento*
> RENÉ CHAR

• Endecasílabos: once sílabas. Ejemplo:

> *Es la mujer un mar todo fortuna*
> VILLAMEDIANA

• Dodecasílabos: doce sílabas. Ejemplo:

> *fulgor dormido que alguna vez, de pronto*
> JAIME FERRÁN

• Tridecasílabos: trece sílabas. Ejemplo:

> *que era mala cosa la muger, non la diera*
> ARCIPRESTE DE HITA

• Alejandrinos: catorce sílabas. Ejemplo:

> *Mi infancia son recuerdos de un patio de Sevilla*
> ANTONIO MACHADO

Licencias métricas

Desde el punto de vista rítmico, el verso no consiste en un conjunto de palabras sueltas, sino en una serie de unidades rítmicas determinadas por las palabras. La sílaba depende de la fonética y de la métrica. Las sílabas de cada palabra fuera del verso dependen de la fonética; las rítmicas, dentro del verso, dependen de la métrica. Por lo tanto, además de las reglas generales para la medida de las sílabas métricas, hay algunos casos donde los grupos vocálicos pueden modificar la medida de las sílabas. Veamos los siguientes:

• Sinalefa

Si una palabra termina en vocal, delante de otra que comienza también por vocal, estas dos vocales se unen formando una sola sílaba: lo llamamos sinalefa.

En el siguiente conjunto de versos, se produce la sinalefa en la unión de la última sílaba de «casta» y la «y» siguiente, en el primer verso, que se cuenta «tay»; y en la unión de «de» y «un», en el tercer verso, que se cuenta «deun».

> *Te me mueres de casta y de sencilla:*
> *estoy convicto, amor, estoy confeso*
> *de que, raptor intrépido de un beso,*
> *yo te libé la flor de la mejilla.*

MIGUEL HERNÁNDEZ

• Sílabas fonéticas y rítmicas

Los siguientes son dos versos endecasílabos; en el primero coinciden las sílabas fonéticas con las rítmicas, y en el segundo no se da tal coincidencia.

> *Tal vez el rezo de la nube malva*
> *cuando aparece en la esperada noche.*

En el primer verso las sílabas fonéticas y rítmicas coincidentes son: «Tal-vez-el-re-zo-de-la-nu-be-mal-va.»

En el segundo verso las sílabas fonéticas «cuando-a-pa-re-ce-en-la-es-pe-ra-da-no-che» no coinciden con las rítmicas, que son: «cuan-doa-pa-re-ceen-laes-pe-ra-da-no-che». Es decir, en el segundo verso, la métrica no tiene en cuenta la palabra y mide el verso empleando la sinalefa y une vocales que fonéticamente no están unidas: «doa-», «ceen-», «laes-».

• Sinéresis

Consiste en la pronunciación en una sola sílaba de dos vocales fuertes que ordinariamente se pronuncian por separado. Contribuye al acercamiento entre la poesía y el lenguaje hablado: la unión de dos vocales fuertes es más frecuente en el habla que en el discurso poético. Ejemplo: «crea-dor», en lugar de «cre-a-dor», «fae-na», en lugar de «fa-e-na».

En estos dos casos se da la sinéresis al unir dos vocales que se pronuncian por separado. En lugar de tres sílabas métricas, en este caso tenemos dos sílabas métricas.

La estrategia

La sinéresis se utiliza cuando sobra alguna sílaba al componer un verso.

• Diéresis

Consiste en separar dos vocales que normalmente se pronuncian juntas. Es el caso contrario a la sinéresis. La diéresis se opone a la tendencia de la lengua hablada. Es un recurso específicamente literario. Las vocales que forman diptongo se separan. Ejemplo: «en-el-blan-co-pia-no» (siete sílabas en lugar de seis); «tiem-po su-a-ve» (cinco sílabas métricas). Las palabras «piano» y «suave» forman un diptongo.

Casos especiales de la diéresis:

1. No se suele usar en diptongos considerados inseparables, como «ié» y «ué». Ejemplo: «tie-rra», «puen-te», «mué-re-te».

2. Tampoco se utiliza en desinencias verbales como «-ieron», «-iendo», etc.

3. Si el diptongo está en una sílaba posterior a la sílaba acentuada, la diéresis es más frecuente. Ejemplo: «cam-bi-o».

4. Se usa la diéresis en los diptongos «-ui», «-áis», «-éis» y en las desinencias verbales de la segunda persona del plural. Ejemplo: «ru-i-do», «lla-má-is».

La acentuación

Además del acento propio de la palabra, el verso exige que se acentúen determinadas sílabas. A este acento se le llama rítmico.

Cuanto más uniforme es la acentuación de los versos, más rígido resulta el poema. Sin embargo, en ciertas canciones infantiles o en los estribillos, la acentuación regular es un mecanismo que favorece la retención. Lo contrario es combinar en un poema versos de variada acentuación y medida. Conviene considerar los efectos conseguidos a partir de los contrastes, versos muy breves y muy largos, por ejemplo, o con versos acentuados en distintas sílabas.

Al verso regular corresponden pautas referidas a la acentuación final e interior del verso como las siguientes:

• Si la última palabra del verso es aguda, se suma una sílaba al cómputo silábico.

• Si la última palabra del verso es esdrújula, se resta una sílaba a la suma silábica.

• Si la última palabra del verso es llana, la medida no varía.

Ejemplos:

a) Última palabra aguda:

En el siguiente conjunto de versos, se efectúa la suma en la última sílaba de «olivar», en el segundo verso: se cuenta «var» más una sílaba; y en la última sílaba de «temblar», en el tercer verso: se cuenta «blar» más una sílaba.

> *Gritos daba la morenica*
> *so el olivar*
> *que las ramas hace temblar.*

Extraído de *Poesía tradicional*,
Ed. Alce

b) Última palabra esdrújula y última palabra llana.

• *Esdrújula:* En el siguiente conjunto de versos, se produce la resta en la antepenúltima sílaba de «océano», en el tercer verso; y en la antepenúltima sílaba de «relámpago», en el undécimo verso.

• *Llana*: No se agregan ni se quitan sílabas: en el segundo, el cuarto, el sexto, el octavo y el décimo verso.

Dos cuerpos frente a frente
son a veces dos olas
y la noche es océano.

Dos cuerpos frente a frente
son a veces dos piedras
y la noche desierto.

Dos cuerpos frente a frente
son a veces raíces
en la noche enlazadas.

Dos cuerpos frente a frente
son a veces navajas
y la noche relámpago.

Dos cuerpos frente a frente
son dos cuerpos que caen
en un cielo vacío.

OCTAVIO PAZ

Acentuación interior

El verso posee, además del acento final, otro apoyo rítmico situado en una de sus primeras sílabas. ¿Cómo y dónde se acentúa el poema? ¿Cuál es la unidad rítmica más pequeña de un verso?

Dado que el verso es una serie ordenada de sílabas acentuadas y no acentuadas, dentro del verso surgen pequeñas unidades acentuales llamadas pies que abarcan dos o tres sílabas. Las principales clases de pies basados en la pronunciación española y en su acento de intensidad son, de acuerdo con la terminología de la métrica antigua, troqueo, yambo, dáctilo, anapesto y anfíbraco. Estos pies de verso comprenden dos o tres sílabas, de las cuales una, tónica, sirve de apoyo a las restantes, átonas.

Veamos la denominación de los versos con los ejemplos que da Andrés Bello:

• En el verso trocaico, la primera sílaba es tónica, y la segunda, átona. Ejemplo:

Díme, - pués, pas - tór ga - rrído.

• En el verso yámbico, la primera sílaba es átona, y la segunda tónica. Ejemplo:

¿Adón-de vás-perdí-da?

• En el verso dactílico, la primera sílaba es tónica y las dos siguientes son átonas. Ejemplo:

Súban al - cérco de O - límpo na - cíente.

• En el verso anapéstico, la primera y la segunda sílabra son átonas, y la tercera tónica. Ejemplo:

De sus hí - jos la tór - pe abutár - da.

• En el verso antibráquico, la primera sílaba es átona, la segunda tónica y la tercera átona. Ejemplo:

Con crínes - tendídos - andár los - cométas.

Los pies de versos empleados actualmente son el trocaico y el dactílico.

• Trocaico: presenta acentuación marcada cada dos sílabas, lo cual implica un ritmo veloz. En los siguientes versos de Bécquer la acentuación trocaica corresponde a las sílabas impares, según como se cuentan en un poema:

> ¿Vuelve el polvo al polvo?
> ¿Vuela el alma al cielo?

Acentuado imaginariamente, es:

> ¿Vuélve el pólvo al pólvo?
> ¿Vuéla el álma al ciélo?

• Dactílico: presenta una cantidad menor de acentos e implica un ritmo moroso. En los siguientes versos de santa Teresa, la acentuación dactílica corresponde a la primera y cuarta sílabas:

> Nada te turbe,
> nada te espante,
> todo se pasa.

Acentuado imaginariamente, es:

> Náda te túrbe,
> náda te espánte,
> tódo se pása.

• Ritmo combinado. En *Arias tristes*, de Juan Ramón Jiménez, podemos ver la combinación de los trocaicos y los dactílicos en versos octosilábicos cuyo ritmo es el siguiente: los versos primero, segundo y cuarto están formados por cuatro troqueos y el tercero por dos dáctilos y un troqueo. Ejemplo:

> Río de cristal, dormido
> y encantado; dulce valle
> dulces riberas de álamos
> blanco y de verdes sauces.

La estrategia

La métrica de la poesía está ligada a su variación acentual. El ritmo del poema proviene, en gran medida, de la fusión entre las sílabas y su acentuación. Adaptarnos a las variaciones acentuales que los versos regulares imponen puede constituir un modo de encontrar nuevas ideas.

Repetición y ritmo

Si bien es menos flexible, un poema en cuyos versos predomina la misma acentuación tiene algunas ventajas: con la repetición conseguimos ciertos ritmos imposibles de lograr de otra manera, como en los siguientes casos:

1. Sucesión de mayoría de versos bisílabos acentuados en la primera sílaba. El ritmo obtenido es trocaico:

> Noche
> triste
> viste
> ya
> aire,

> *cielo,*
> *suelo,*
> *mar.*

GERTRUDIS GÓMEZ DE AVELLANEDA

2. Sucesión de mayoría de versos trisílabos acentuados en la segunda sílaba. El ritmo obtenido es anfibráquico:

> *Que corren,*
> *Que saltan,*
> *Que ríen,*
> *Que parlan,*
> *Que tocan,*
> *Que bailan,*
> *Que enredan,*
> *Que cantan...*

TOMÁS DE IRIARTE

3. Sucesión de versos tetrasílabos acentuados en la tercera sílaba. El ritmo obtenido es trocaico y típico de las narraciones infantiles en verso:

> *A una mona*
> *Muy taimada*
> *Dijo un día*
> *Cierta Urraca:...*

TOMÁS DE IRIARTE

4. Sucesión de versos hexasílabos acentuados en la segunda y en la quinta sílaba. El ritmo obtenido es anfíbraco:

> La luz, que en un vaso
> ardía en el suelo, al muro arrojaba
> la sombra del lecho.

GUSTAVO ADOLFO BÉCQUER

Otra variación es la polirrítmica de las tres formas fundamentales de acentuación del verso octosílabo.

El octosílabo tiene sólo un acento indispensable, que es en la terminación llana; o sea, en la penúltima sílaba. Pero además puede ser trocaico, con acento rítmico en la tercera sílaba; dactílico, con acento rítmico en la primera sílaba, o mixto que consiste en la combinación de los dos anteriores. Cada uno tiene una facultad expresiva propia. El trocaico es más corto, lento y equilibrado; se emplea en los poemas narrativos. El dactílico es más enérgico e inquieto; se emplea en situaciones emotivas y enfáticas. El mixto es más flexible; se emplea en los diálogos teatrales en verso. Ejemplos:

> Cuatro o seis desnudos hombros (trocaico)
> De dos escollos o tres (mixto)
> Hurtan poco sitio al mar, (trocaico)
> Y mucho agradable en él (mixto)
> Cuánto lo sienten las ondas (dactílico)
> Batido lo dice el pie, (mixto)

Que pólvora de las piedras (mixto)
La agua repetida es. (trocaico)

LUIS DE GÓNGORA

Se obtiene una mayor variación con versos coincidentes en la métrica, pero diferenciados en la acentuación. Sucesión de octosílabos cuya acentuación es la siguiente: primer verso, acentuado en la primera sílaba; segundo verso, acentuado en la segunda; tercer verso, acentuado en la tercera; cuarto verso, acentuado en la cuarta; quinto verso, acentuado en la quinta; sexto verso, acentuado en la sexta. Veámoslo:

Mira por los ventanales
las luces de don Narciso
el espejo imaginario.
Sus enemigos lo cercan
Que se lo demanden intentan
Y sin condecoraciones.

ANÓNIMO

La estrategia

Con una combinación métrica y acentual que se repita podemos indicar el sonido de las campanadas, el de los tambores o el de ciertos gritos.

La rima

Se habla de rima cuando en dos o más palabras coincide la última vocal acentuada. No es un elemento exclusivo de la poesía, también la prosa puede configurarse siguiendo una rima interna. En un caso u otro, lo importante es no utilizarla de modo ornamental, sino aprovechar sus efectos productivos.

De la rima depende el ritmo en la poesía tradicional, y hoy en día resulta insustituible en muchas letras musicalizadas. Cuando se trata de pareados, refuerza la ligazón y la correspondencia entre los versos. Por otra parte, las cadenas rimadas transgreden el lenguaje normal y corriente; permiten los juegos y los hallazgos poéticos. De este modo lo expresa Jorge Guillén:

> *Si me expreso con la rima,*
> *Obra es también del lenguaje,*
> *Autor. Su fuerza me anima:*
> *Pone más de lo que traje.*

La rima funcional

Puede ser consonante —cuando coinciden todos los sonidos finales a partir de la última vocal acentuada— o asonante —cuando coinciden sólo las vocales. Sus variantes más generales son las siguientes:

• Rima interna: Algunas de las palabras que riman están en el interior del verso. Un ejemplo aparece en un poema de Juan Ramón Jiménez, con rima interna entre «hojas» y «rojas».

> *Esparce octubre, al blando movimiento*
> *del sur, las hojas áureas y las rojas...*

• Rima final: Intensifica la pausa final del verso. Incluye una serie de variantes que originan distintos ritmos:

1. Pareada. Coincidencia de los sonidos finales de dos versos seguidos.

> *¡Ay, señora, mi vecina,*
> *se me murió la gallina!*

NICOLÁS GUILLÉN

2. Alternante. Se consigue cuando en un conjunto de cuatro versos, el primero rima con el tercero y el segundo con el cuarto.

> *Mariposa del aire,*
> *qué hermosa eres,*
> *mariposa del aire*
> *dorada y verde.*

FEDERICO GARCÍA LORCA

3. Cruzada. Se consigue cuando en un conjunto de cuatro versos, el primero rima con el cuarto y el segundo con el tercero.

> *Esparce octubre, al blando movimiento*
> *del sur, las hojas áureas y las rojas,*
> *y, en la caída clara de sus hojas,*
> *se lleva al infinito el pensamiento.*
> *¡Qué noble paz en este alejamiento*
> *de todo; oh prado bello, que deshojas*
> *tus flores; oh agua, fría ya, que mojas*
> *con tu cristal estremecido el viento!*

Juan Ramón Jiménez

4. Encadenada. Se consigue cuando en una serie de versos de número indeterminado, el primero rima con el tercero, el segundo con el cuarto y el sexto, el quinto con el séptimo y el noveno, etc.

> *La soledad callada*
> *sobre una silla cadenciosa*
> *se mira aislada.*
> *No es su palabra ociosa,*
> *ritual pagano de una tarde sola,*
> *quien la nombra diosa,*
> *en el recuerdo que gime y la viola.*

Ernesto Forli

Los indicadores

Para indicar que dos o más versos riman, se utilizan las siguientes marcas:

1. Letras minúsculas: a, b, c, d, para versos de arte menor. Ejemplo de pareado: dos versos de arte menor.

a *La primavera ha venido*
a *Nadie sabe cómo ha sido.*

ANTONIO MACHADO

2. Letras mayúsculas: A, B, C, D, para versos de arte mayor. Ejemplo de cuarteta: cuatro versos de arte mayor.

A *Tú y tu desnudo sueño. No lo sabes.*
B *Duermes. No. No lo sabes. Yo en desnudo y tú,*
B *inocente, duermes bajo el cielo.*
A *Tú por tu sueño y por el mar las naves.*

GERARDO DIEGO

La estrategia

La rima no debe ser sólo un sistema de encantamiento o adormecimiento para el lector (si a un «ía» le sigue otro «ía», por ejemplo, y así sucesivamente, la cadencia domina y el decir del poema se diluye bajo los sones machacantes de los «ía».

El fenómeno de la rima es la culminación del proceso rítmico que constituye el verso. Amplía la tarea del poeta al ser un modo anticotidiano y subversivo del lenguaje; así, podemos destacar las palabras sobre las que recae la rima y duplicar su significación. Permite aprovechar el juego entre lo dicho y el trabajo textual. Más que considerarla tradicionalmente, intentemos rescatar las asociaciones concretas que provoca.

De hecho, nos permite contactar palabras, relacionar palabras disímiles a partir de su juego rítmico. Podemos detenernos en poemas rimados y comprobar qué sucede en nuestra mente frente a las palabras rimadas. O, al revés, hacer una lista de palabras que rimen y escribir el poema a partir de algunas de ellas. Es éste un método productor de ideas. Por ejemplo, poner en contacto «presencia» con «prudencia», con «demencia» y con «sentencia». O «tormento» con «pensamiento». En cada encuentro, se suceden las asociaciones. Se convierten en núcleos que, al acercar realidades distintas, concentra significaciones que consciente o inconscientemente buscábamos y descubrimos gracias al juego que la rima misma nos impone. Así, la imposición se convierte en pista de lanzamiento hacia otras palabras, otras significaciones. Dice Miguel de Unamuno:

> *Arrima palabras rima;*
> *ve soldando tetraedros;*
> *ya vendrá el soplo que anima;*
> *de cristales hará cedros.*

La pausa

La pausa métrica delimita los versos. Ocurre al final y es un condicionante prioritario del verso regular —compuesto por cadenas de sonidos simétricas entre sí— y determina la extensión y unidad del mismo.

Los cuatro versos siguientes están establecidos gracias a la pausa que ocurre al final de cada uno.

> *Luchando, cuerpo a cuerpo, con la muerte,*
> *al borde del abismo, estoy clamando*
> *a Dios. Y su silencio, retumbando,*
> *ahoga mi voz en el vacío inerte.*

BLAS DE OTERO,
Hombre

Si se hubieran escrito siguiendo el hilo del pensamiento, tendríamos, por ejemplo: «Luchando, cuerpo a cuerpo, con la muerte; al borde del abismo, estoy clamando a Dios. Y su silencio —retumbando— ahoga mi voz en el vacío inerte.»

3

La estrofa. Poemas estróficos

Un verso aislado nos despierta una vivencia rítmica, pero la unión de varios versos constituyendo estrofas, la continuidad conseguida gracias a dicha reunión, conforma el movimiento del poema. Precisamente, el vocablo «versos», proveniente de *versus*, tiene su origen en el movimiento de ida y vuelta ejecutado por el labrador al arar la tierra.

La estrofa y sus clases

La unión de varios versos constituye una estrofa. Al escribir un poema constituido por estrofas se impone encontrarle un sentido diferenciador a cada estrofa y proyectar en ella nuestras necesidades más íntimas, nuestros deseos y reflexiones. Podemos sintetizar una idea en cada estrofa. En este sentido, podemos considerarla como un molde de nuestros pensamientos.

Hay formas de estrofa abierta y otras de composición fija. Entre las primeras, están los pareados y los tercetos, cuyos versos no deben tener obligatoriamente la misma medida; y se suelen dar en series largas. Siguiendo a T. Navarro Tomás podemos decir que «se aplica el concepto de estrofa en el sentido de grupo de versos bajo un determinado orden, el cual depende de ordinario de la correspondencia de las rimas. Entran en este concepto la serie épica, el romance y la silva, como estrofas primarias y amorfas. Junto a las estrofas simples, como la redondilla, la quintilla, la lira o el cuarteto, se cuentan las compuestas, en las que dos o más unidades menores se ajustan a una disposición regular, por ejemplo, la canción trovadoresca, el villancico, la glosa o el soneto».

1. *La estrofa pareada*. Es la estrofa mínima. Consta de dos versos que, en su gran mayoría, presentan igual número de sílabas y rima consonante.

> *La ronda... los recuerdos... la luna no vertía*
> *allí ni un solo rayo; temblabas y eras mía.*

J. A. Silva

2. *El terceto*. Estrofa de tres versos de arte mayor con rima consonante (ABA).

> A *Yo quiero ser llorando el hortelano*
> B *de la tierra que ocupas y estercolas*
> A *compañero del alma, tan temprano.*

Miguel Hernández

Otro ejemplo es el de los tercetos encadenados como los siguientes:

A *Yo cuidé, dulce bien del alma mía,*
B *Que primero con muerte el cuerpo ausente*
A *Desamparada en tierra sola y fría.*
B *Y que el rigor pudiera del presente*
C *Dolor humedecer en vuestros ojos*
B *La pura claridad y luz ardiente.*

FERNANDO DE HERRERA

La soleá: estrofa de tres versos de arte menor con rima asonante (aba).

a *Dicen que parezco otro,*
b *pero sigo siendo el mismo*
a *desde tu vientre remoto.*

MIGUEL HERNÁNDEZ

3. *Cuarteto*. Estrofa de cuatro versos endecasílabos.

A *Resuelta en claustro viento esbelto pace,*
B *oasis de beldad a toda vela*
C *con gargantillas de oro en la garganta:*
C *fundada en ti se iza la sierpe y canta.*

MIGUEL HERNÁNDEZ

4. *Redondilla*. Cuatro versos de arte menor (abba).

> a *La tarde más se oscurece:*
> b *y el camino que serpea*
> b *y débilmente blanquea,*
> a *se enturbia y desaparece.*

ANTONIO MACHADO

5. *Serventesio*. Cuatro versos de arte mayor con rima consonante (ABAB).

> A *Sombras, Propercio, sombras, gavilanes*
> B *oscuros, imprecisos, niebla pura,*
> A *cincha, brida y espuela. No profanes*
> B *el mástil del amor, la arboladura.*

LUIS ALBERTO DE CUENCA

6. *Cuarteta*. Como el serventesio pero con versos de arte menor (abab).

> a *¿Dónde está la utilidad*
> b *de nuestras utilidades?*
> a *Volvamos a la verdad:*
> b *Vanidad de vanidades.*

ANTONIO MACHADO

7. *Seguidilla.* Cuatro versos de los que el primero y el tercero son heptasílabos, y el segundo y el cuarto son pentasílabos; riman en asonante los pares (7a 5b 7a 5b o 7-5a 7-5a).

- *Molinero es mi amante,*
a *tiene un molino*
- *bajo los pinos verdes,*
a *cerca del río.*

ANTONIO MACHADO

8. *Quinteto.* Estrofa de cinco versos de arte mayor con rima consonante. No pueden rimar entre sí más de dos versos seguidos; los dos últimos no pueden formar pareado y no pueden quedar versos libres.

El buen caballero partió de su tierra;
allende los mares la gloria buscó:
Los años volaban, se acabó la guerra;
y allende los mares hasta él voló,
voló un triste viento de su dulce tierra.

PABLO PIFERRER

9. *Quintilla.* Como el quinteto pero con versos de arte menor.

Cualquier prisión y dolor
que se sufra es justa cosa,

pues se sufre por amor
de la mayor y mejor
del mundo y la más hermosa.

Cancionero General de Cartagena,
siglo xv, n.º 481

10. *La octava.* Estrofa de ocho versos, entre las que se destaca la octava real compuesta por endecasílabos con rima del tipo AB en los primeros seis versos y un pareado final.

A *Cerca del Tajo en soledad amena,*
B *de verdes sauces hay una espesura,*
A *toda de hierba revestida y llena,*
B *que por el tronco va hasta la altura,*
A *y así la teje arriba y encadena*
B *que el sol no halla paso a la verdura;*
C *el agua baña el prado con sonido,*
C *alegrando la vista y el oído.*

GARCILASO DE LA VEGA

La estrategia

Al escribir un poema podemos combinar determinadas estrofas como mecanismo productivo y probar nuevas combinaciones con ellas o entre ellas.

Poemas estróficos

Un poema estrófico responde a una composición fija. Cada tipo favorece una idea u otra. Dice Lope de Vega:

> *Acomoda los versos con prudencia*
> *a los sujetos de que van tratando.*
> *Las décimas son buenas para quejas,*
> *el soneto está bien en los que aguardan,*
> *las relaciones piden los romances,*
> *aunque en octavas lucen por extremo.*
> *Son los terceros para cosas graves,*
> *y para las de amor, las redondillas.*

La copla

Uno de los moldes estróficos clásicos es la copla. Hasta con las coplas más simples, de ocho versos, divididas en dos estrofas de cuatro, podemos jugar tensando o distendiendo el ritmo; las coplas reales, de diez versos, o las de pie quebrado son bastante peculiares. Generalmente, son la base de canciones populares.

• *Copla de arte menor.* Compuesta por versos octosílabos, suele tener dos o tres rimas y estar dividida en dos estrofas de cuatro.

Nada me importa sufrir,
con tal de que tú suspires,
por tu imposible yo,
tú por mi imposible.

Nada me importa morir,
si tú te mantienes libre,
por tu imposible yo,
tú por mi imposible.

JUAN RAMÓN JIMÉNEZ,
Azucena y sol

• *Copla real.* Compuesta por diez versos octosíla-bos con rima consonante.

a *¿Dónde está ya el mediodía*
b *luminoso en que Gabriel*
b *desde el marco del dintel*
a *te saludó: Ave María...*
a *Virgen ya de la agonía,*
c *tu Hijo es el que cruza ahí.*
c *Déjame hacer junto a ti*
d *ese sufrido itinerario.*
d *Para ir al monte Calvario,*
c *cítame en Getsemaní.*

GERARDO DIEGO

• *Coplas de pie quebrado.* Combinación de versos de arte mayor y arte menor: endecasílabos y heptasílabos, que ha sido reemplazada por la manriqueña, que dedicó Jorge Manrique a la muerte de su padre, compuesta por versos de arte menor: dos octosílabos y uno de cuatro sílabas:

a *Recuerde el alma dormida,*
b *avive el seso y despierte*
c *contemplando*
a *cómo se pasa la vida*
b *cómo se viene la muerte*
c *tan callando;*
a *cuán presto se va el placer,*
b *cómo, después de acordado*
c *da dolor,*
a *cómo a nuestro parecer*
b *cualquier tiempo pasado*
c *fue mejor.*

El villancico

¿Por qué continúan vigentes los villancicos? ¿Cuáles de sus variantes podemos recuperar cuando escribimos un poema?

No sólo en las festividades navideñas los villancicos religiosos presiden las preferencias populares, sino que los de tono satírico y burlesco son canciones exitosas. Reinventemos el villancico atendiendo a sus variantes y jugando con sus posibilidades rítmicas. Es una canción de verso de seis, siete u ocho sílabas, formada por el estribillo (dos, tres o cuatro versos que inician el villancico y se repiten, total o parcialmente, después de cada estrofa), y el pie (estrofa de seis o siete versos; los últimos riman con el estribillo).

• *El villancico clásico.* Además de los religiosos, que se entonan en Navidad, podemos ver la forma clásica del villancico en *Gacela del mercado matutino,* de Federico García Lorca, cuyo estribillo es una cuarteta heptasílaba, y el cuerpo de la canción es una redondilla con versos de ocho sílabas:

> *Por el Arco de Elvira*
> *quiero verte pasar,*
> *para saber tu nombre*
> *y ponerme a llorar.*
> *¿Qué luna gris de las nueve*
> *te desangró la mejilla?*
> *¿Quién recoge tu semilla*
> *de llamarada en la nieve?*
> *¿Qué alfiler de cactus breve*
> *asesina tu cristal?*
> *Por el Arco de Elvira*
> *quiero verte pasar,*
> *para saber tu nombre*
> *y ponerme a llorar.*

• *Los villancicos satírico-burlescos.* Se aprovecha la estructura rítmica del villancico para desarrollar la sátira y la denuncia. Un buen ejemplo es *Ande yo caliente*, de Góngora, con mucho éxito en la canción actual:

Ándeme yo caliente
y ríase la gente.
Traten otros del gobierno
del mundo y sus monarquías,
mientras gobiernan mis días
mantequillas y pan tierno,
y las mañanas de invierno
naranjada y agua caliente,
y ríase la gente.

Coma en dorada vajilla
el príncipe mil cuidados,
como píldoras doradas,
que yo en mi pobre mesilla
quiero más una morcilla
que en asador reviente,
y ríase la gente.

Cuando cubra las montañas
de blanca nieve el enero,
tenga yo lleno el brasero
de bellotas y castañas,
y quien las dulces patrañas
del rey que rabió me cuente,
y ríase la gente.

Busque muy en hora buena
el mercader nuevos soles,
yo conchas y caracoles
entre la menuda arena,
escuchando a Filomena
sobre el chopo de la fuente,
y ríase la gente.

Pase a media noche el mar
y arda en amorosa llama
Leandro por ver su dama;
que yo más quiero pasar
del golfo de mi lagar
la blanca o roja corriente,
y ríase la gente.

Pues Amor es tan cruel,
que de Píramo y su amada
hace tálamo una espada
dos de junten ella y él,
sea mi Tirbe un pastel,
y la espada se mi diente,
y ríase la gente.

LUIS DE GÓNGORA

El romance

Está compuesto por una serie indefinida de versos cuya exigencia es que rimen los pares. Junto con el soneto, es la estrofa más utilizada en la poesía española.

Federico García Lorca, en su *Romancero gitano*, funde la narración con el lirismo, que es la conjunción básica del romance:

En la mitad del barranco
las navajas de Albacete,
bellas de sangre contraria,

64

relucen como los peces.
Una dura luz de naipe
recorta en el agrio verde
caballos enfurecidos
y perfiles de jinetes.
En la copa de un olivo,
lloran dos viejas mujeres.
El toro de la reyerta
se sube por las paredes.
Ángeles negros traían
pañuelos y agua de nieve.
Ángeles con grandes alas
de navajas de Albacete.
Juan Antonio el de montilla
rueda muerto la pendiente,
su cuerpo lleno de lirios
y una granada en las sienes.
Ahora monta cruz de fuego,
carretera de la muerte.

El soneto

Hoy en día continúa siendo placentero escribir
respetando la forma del soneto y se sigue usando para
la expresión de los más variados temas y sentimientos. Cada época prefirió alguna de sus variantes, y se
destaca entre las composiciones poéticas cuyos siste-
mas estróficos tienen forma fija. Incluso se han compuesto sonetos por divertimento: en acróstico, encadenados y con eco.

Desde Petrarca, en Italia, y a excepción de los sonetos de Shakespeare, se mantuvo inalterada su composición clásica; también en español, desde Garcilaso hasta hoy.

Tiene una estructura interna bien definida: está constituida por dos cuartetos y dos tercetos. En general, en los dos cuartetos se expone la idea. En los tercetos se condensa luego esa misma idea que, entonces, redobla su sentido.

La composición del soneto

Consta de catorce versos endecasílabos, dispuestos en dos cuartetos que tienen la misma rima y dos tercetos, con rima independiente, es decir que pueden combinarse de distintas maneras. En general, los cuartetos se consideran como una estrofa de ocho versos; y los tercetos, como una de seis. Ejemplo:

> *Desmayarse, atreverse, estar furioso,*
> *áspero, tierno, liberal, esquivo,*
> *alentado, mortal, difunto, vivo,*
> *leal, traidor, cobarde y animoso.*
>
> *No hallar fuera del bien centro y reposo,*
> *mostrarse alegre, triste, humilde, altivo,*
> *enojado, valiente, fugitivo,*
> *satisfecho, ofendido, receloso.*
>
> *Huir el rostro al claro desengaño,*
> *beber veneno por licor suave,*
> *olvidar el provecho, amar el daño.*

> Creer que un cielo en un infierno cabe,
> dar la vida y el alma a un desengaño,
> esto es amor, quien lo probó lo sabe.

LOPE DE VEGA,
Desmayarse, atreverse, estar furioso...

• El *soneto acróstico*. En el caso más sencillo su particularidad consiste en que las letras iniciales de cada verso, leídas de arriba abajo, componen una palabra, una divisa o en la mayoría de los casos el nombre de la persona a la que está destinado. Ejemplo:

Guerrero insigne,	*Ilustre y*	*Poderoso,*
Laureado de	*Dafne por*	*Prudente;*
Onor del orbe,	*Ulises*	*Eminente,*
Romano César,	*Que triunfó*	*Animoso,*
Iris de Flandes,	*Vencedor*	*Famoso,*
Alejandro sin par,	*Ector*	*Valiente,*
De cuya fama,	*Dulce y*	*Refulgente*
Está el imperio	*Eterno y*	*Victorioso;*
Atlante en fuerza,	*Aquiles*	*Aplaudido,*
Rayo en la guerra,	*Marte en ser*	*Soldado,*
Aníbal de Cartago,	*Amón*	*Temido,*
Gloria de Siena,	*Lauro*	*Venerado,*
Onor de	*Flandes, donde sois*	*Querido*
Norte de	*Italia, donde sois*	*Amado.*

Gloria de Aragón, I Duque de Amalfi. En la parte derecha se leen las calidades del celebrado. *Vida y hechos de Estebanillo González.*

• *El soneto de ingenio*. Rengifo menciona ejemplos de un gan número de estos sonetos de ingenio en su *Arte poética* (caps. XLIV-LIII): así el soneto continuo, que conserva los dos elementos de rima de los cuartetos también en los tercetos (ABBA ABBA ABA BAB); el soneto encadenado, en que a partir del segundo verso la palabra inicial de cada verso recoge la rima final del anterior; con repetición, en que la última palabra de cada verso es principio del otro; el soneto retrógrado, que «leído al derecho y al revés, por abajo o por arriba, saltando o arreo, haga sentido y convenga con los demás, y siempre se guarden las consonancias y número de soneto»; el soneto bilingüe escrito en dos lenguas, generalmente en latín y español, y otros. Los hay también de versos agudos y esdrújulos y los sonetos en versos de cabo roto, una variante burlesca del soneto agudo, en el cual se consiguen los agudos por el uso regular de la apócope:

> *Hermano Lope, bórrame el soné-,*
> *De versos de Ariosto y Garcilá-,*
> *A la Biblia no tomes en la má-,*
> *Pues nunca de la Biblia dice lé-*
> *(...)*

• *El soneto con eco*. Se presenta en forma de diálogo o corriente. La palabra de la rima repite a la que precede inmediatamente o es un verdadero eco que contesta, o que repite sólo partes de esta palabra.

Ejemplo:

Leónido:	Cristo:
...Y pretendiendo deshonralla	Honralla
Y aunque de mar tan afanado	A nado
He de volver al regalado	Ado
Por defender a quien me acalla	Calla.

LOPE DE VEGA,
Ingrato cielo

4

El verso libre y la prosa poética: la transgresión creativa

¿Cuál es la diferencia entre el verso libre y el regular? Mientras que en el verso regular, característico de la poesía tradicional, el ritmo está impuesto por un número fijo de sílabas, la rima y las pausas métricas, en el verso libre es la emoción del poeta la que determina el ritmo. La intuición o la decisión personal marcan su ritmo. Vive las emociones y se deja llevar por el ritmo que esa emoción le provoca.

Características del verso libre

El verso libre forma parte de un poema que no respeta los paradigmas métricos tradicionales. Se llama así porque se libera de las reglas obligatorias. Es la aspiración a la expresión pura de la conciencia poética, sin trabas de medidas, consonancias ni acentos, puesta en práctica por el norteamericano Walt Whitman y los simbolistas franceses. El esquema métrico indicador del número de sílabas del verso, de la estrofa y de la posición de la rima, imprescindible en el poema de versos regular, no lo es en el libre para conseguir el ritmo poético. Pero esto no quiere decir que no responda a ciertas pautas, ya que el poema genera su propio código y su propio orden interno. El poeta diseña un nuevo molde para cada poema: la medida es oscilante al principio, entre quince y veinte versos, y acepta la presencia ocasional de cualquier metro, rima o estrofa.

Tal como afirma T. Navarro Tomás, «El caudal métrico de un poeta es más o menos rico según el grado de diferenciación y oportunidad con que hace sentir las varias modalidades rítmicas que cada metro representa. La versificación más refinada es la que con más acierto matiza los efectos del ritmo en relación con los movimientos e insinuaciones emocionales del poema. Son varios los ejemplos en que poetas de reducido repertorio métrico, pero diferenciadores de modalidades adecuadamente aplicadas, ofrecen mayor musicalidad y armonía que los de repertorio más extenso, pero de tipos menos diferenciados».

Como vemos, el verso libre no es tan libre, pues debemos encontrar modos de conseguir versos fluidos y establecer algún tipo de pautas rítmicas, ineludibles en todo poema. Es imprescindible, y no muy sencillo, concebir un conjunto rítmico específico para cada poema. Entonces, la utilización del verso libre es un desafío a las restricciones impuestas por el verso regular. Se caracteriza por las siguientes pautas:

a) Ausencia de rima.
b) Carece de regularidad silábica.
c) No se ordenan en moldes estróficos.
d) Presentan variedad métrica.

Su libertad va desde la adopción de determinados versos y estrofas ya existentes hasta el verso enteramente libre. Es decir, renuncia a la normativa poética tradicional, pero no a los artificios poéticos, a las estrategias gracias a las cuales se consigue el ritmo. Veamos dos ejemplos de versos más cortos y más largos en los que observamos una amplia libertad formal.

Ejemplo:

La tierra lleva por la tierra;
mas tú, mar,
llevas por el cielo.
¡Con qué seguridad de luz de plata y oro
nos marcan las estrellas
la ruta! Se diría
que es la tierra el camino
del cuerpo,
que la mar es el camino,
del alma.

JUAN RAMÓN JIMÉNEZ,
Nocturno soñado

Combinaciones acentuales y métricas

El uso de versos de medida diferente tiene varios grados en su manifestación que van desde la adopción de determinados versos y estrofas ya existentes hasta el verso totalmente libre de la prosa poética. En los versos libres lo fundamental es su variedad métrica.

Podemos combinar libremente los versos de variadas medidas y acentuaciones para conseguir el ritmo deseado. Ejemplo:

En qué poema podrás alcanzar vos,
hermano,
combatiente,
guardafrontera,
dónde,
con qué palabras podré decir
tu rostro cincelado por la lluvia, el sol y la esperanza;
dónde poner tu corazón,
latiendo por la vida
aun después que dejara de latir;
cómo lanzarte un abrazo como granada amorosa
                                        [de palabras
para decirte cómo se me estremece el alma de pensarte,
de meditar tus desvelos,
la tensión de tus caminatas,
el brillante alcance de tu mirada
cuidando, guardando este sol,
esta luna de nuestro cielo recién nacido,
enamorado de la libertad...

GIOCONDA BELLI,
Hermano combatiente

El esquema de los primeros versos del poema anterior es el siguiente:

– – – – – – – – – – (10 sílabas)
– – – (3 sílabas)

– – – – (4 sílabas)
– – – – – (5 sílabas)
– – (2 sílabas)
– – – – – – – – (9 sílabas)
– – – – – – – – – – – – – – – (17 sílabas)
– – – – – – – – (8 sílabas)
– – – – – – – (7 sílabas)...

Los versos segundo, tercero y cuarto implican una llamada que se acentúa en el «dónde» del quinto verso, el más breve del poema. El vaivén se da entre la vida y la muerte, entre la presencia y la ausencia, entre el deseo y la impotencia. Precisamente, se titula *Hermano combatiente*.

Métrica variada y rima mínima

Como vemos, la combinación de los versos cortos y largos puede convertirse en un verdadero gráfico representativo de los estados emocionales que atraviesa el poeta, y de los cuales depende el ritmo. Los de mayor brevedad indican tensión, se reducen a lo esencial, incluso a una sola palabra. Los más largos llegan a conformar la llamada prosa poética. Es, precisamente, la segmentación de los estados emotivos, productores de un ritmo singular, lo que diferencia la prosa de la prosa poética.

Empleando el verso libre podemos dejarnos llevar por las necesidades internas. Sin embargo, los versos libres pueden también fundar el ritmo en una cierta rima entre algunas palabras correspondientes al final de versos de medidas totalmente distintas.

Ejemplo:

En *La selva y el mar*, de Vicente Aleixandre, riman únicamente las palabras «sosegada», «tocadas» y «clava»:

La espera sosegada,
esa esperanza siempre verde.
pájaro, paraíso, fasto de plumas no tocadas,
inventa los ramajes más altos,
donde los colmillos de música,
donde las garras poderosas, el amor que se clava,
la sangre ardiente que brota de la herida,
no alcanzará, por más que el surtidor se prolongue,
por más que los pechos entreabiertos en tierra
proyecten su dolor o su avidez a los cielos azules.

Entre el verso regular y el verso libre

A medio camino entre la normativa o los moldes que encorsetan el poema en versos regulares, estrofas y una métrica precisa, o lo liberan hasta la desaparición de fronteras métricas y acentuales, están los versos semilibres, combinaciones de mayor o menor extensión con características propias, que podemos experimentar como variante y comprobar sus efectos.

Los versos semilibres y sus clases

Los semilibres son un tipo de versos cuyas características difieren entre sí y pueden clasificarse en menor, medio, mayor y libre medio.

• *Verso semilibre menor.* Combinación de metros cortos, entre cuatro y siete sílabas, sueltos o rimados.

> *Naranja y limón.*
> *Ay la niña*
> *del mal amor.*
> *Limón y naranja*
> *Ay la niña,*
> *de la niña blanca.*

FEDERICO GARCÍA LORCA,
Naranja y limón

• *Verso semilibre medio.* Combinación de metros con predominio de los versos de siete, ocho y nueve sílabas, de los cuales algunos riman.

> *No son todos ruiseñores*
> *los que cantan entre flores,*
> *sino campanitas de plata*
> *que tocan al alba,*
> *sino trompeticas de oro*
> *que hacen la salva*
> *a los soles que adoro.*

LUIS DE GÓNGORA,
No son todos ruiseñores

• *Verso semilibre mayor.* Combinación de medidas que, en su mayoría, fluctúan entre nueve y catorce sílabas, con algunos versos rimados y, a menudo, coincidentes con metros regulares.

> *A medida que asciende por el cielo tardío,*
> *la luna parece que inciensa*
> *un sopor mezclado de dulce estío,*
> *y el sueño va anulando el albedrío*
> *en una horizontalidad de agua inmensa.*

LEOPOLDO LUGONES,
Luna campestre

• *Verso libre medio.* Está compuesto por versos que oscilan entre ocho y doce sílabas. Pero sus medidas discrepan de la acentuación correspondiente a la métrica regular y prescinden de la rima. Ejemplo:

> *Después de muchos años de ausencia*
> *busqué la casa primordial de la infancia*
> *y aún persevera forastero su ámbito.*
> *Mis manos han tanteado los árboles*
> *como quien besa a un durmiente*
> *y he copiado andanzas de antaño*
> *como quien practica un verso olvidado.*

JORGE LUIS BORGES,
La vuelta

El verso suelto

De los versos libres, debemos distinguir los lla-
mados versos sueltos o blancos cuya característica
sobresaliente es no tener rima. El verso suelto o blanco implica una libertad menor que el libre. Específicamente, se denomina así a series de endecasílabos,
heptasílabos o pentasílabos, de una sola clase o com-
binadas, sin rima ni estrofa. Ejemplo:

> *Esta corona, adorno de mi frente,*
> *esta sonante lira y flautas de oro,*
> *y máscaras alegres que algún día*
> *me disteis, sacras Musas, de mis manos*
> *trémulas recibid, y el canto acabe,*
> *que fuera osado intento repetirle.*
> *He visto ya cómo la edad ligera,*
> *apresurando a no volver las horas,*
> *robó con ellas su vigor al numen.*

LEANDRO F. DE MORATÍN,
Elegía a las Musas

La prosa poética

Es una forma de narración fragmentaria donde la
poesía se impone gracias al retaceo de la información
o a ciertos artificios tales como la metáfora o la imagen. Ejemplo:

Tanto soñé contigo que pierdes tu realidad.

*¿Todavía hay tiempo para alcanzar ese cuerpo vivo y besar
sobre esa boca el nacimiento de la voz que quiero?*

*Tanto soñé contigo que mis brazos habituados a cruzar-
se sobre mi pecho cuando abrazan tu sombra, quizá
ya no podrían adaptarse al contorno de tu cuerpo.*

*Y frente a la existencia real de aquello que me obsesiona
y me gobierna desde hace días y años, seguramente
me transformaré en sombra.*

Oh balances sentimentales.

*Tanto soñé contigo que seguramente ya no podré desper-
tar.*

*Duermo de pie, con mi cuerpo que se ofrece a todas las
apariencias de la vida y del amor y tú, la única que
cuenta ahora para mí, más difícil me resultará tocar
tu frente y tus labios que los primeros labios y la primera frente que encuentre.*

*Tanto soñé contigo, tanto caminé, hablé, me tendí al lado
de tu fantasma que ya no me resta sino ser fantasma
entre los fantasmas, y cien veces más sombra que la
sombra que siempre pasea alegremente por el cua-
drante solar de tu vida.*

Robert Desnos,
Tanto soñé contigo

La estrategia

Puesto que el lenguaje poético elabora el pensamiento, encontrar nuestro modo propio de decir las cosas es el objetivo a la hora de escribir poesía.

Sin olvidar que poesía es liberar lenguaje con un sentido estético, por lo tanto, coherente no con la realidad sino consigo misma, debemos preguntarnos si apelamos al verso regular o al verso libre, entre múltiples posibilidades entre las que no se descarta la combinación de ambos aspectos.

5
Los artificios sonoros

El ritmo sonoro y musical es la materia del poema: el aspecto fónico es determinante. Dylan Thomas, en su *Manifiesto poético,* declara que empezó a escribir «porque me había enamorado de las palabras. Los primeros poemas que conocí fueron canciones infantiles, y antes de poder leerlas, me había enamorado de sus palabras, sólo de sus palabras (...) me importaban las formas sonoras que sus nombres y las palabras que describían sus acciones creaban en mis oídos; me importaban los colores que las palabras arrojaban a mis ojos. (...) Lo primero era sentir y conocer sus sonidos y sustancia: qué haría con esas palabras, cómo iba a usarlas, qué diría a través de ellas, surgiría más tarde».

Aquí encaramos los fenómenos sonoros específicos y los relativos (la anáfora, por ejemplo) que por sus características también participan del aspecto visual, entre otros.

La sonoridad de la palabra

La forma sonora de la palabra está determinada por una serie de contrastes: largo/breve; sonoro/sordo; abierto/cerrado; oclusión/estrechamiento. Estos contrastes atañen a ciertos puntos del cuerpo de las palabras que, precisamente por ellos, vienen a ser puntos destacados. Las palabras se articulan en sílabas cuyo tono o acento pueden subir o bajar y sobresalir así del resto. Cuando se destaca por el tono, se llama sílaba musical; y cuando lo hace por el acento, sílaba acentuada o intensiva, que puede ser:

a) ascendente / descendente
b) uniforme / cambiante
c) agudo / llano / esdrújulo

García de Diego dice: «La palabra no expresa una idea, sino una realidad mediante una idea. Si digo "un toro", no quiero expresar la idea, sino la realidad "toro". La palabra no es, pues, un díptico fónico-ideal, sino un tríptico fónico-ideal-objetivo; esto es, el elemento sonoro "toro", mi idea y el animal toro.»

Percibir la sonoridad de una palabra, de un verso, captar cada poema como una armazón fónica, necesitar la sonoridad como ineludible, es la vía hacia la escritura del poema.

Acentuación, palabra y poema

El ritmo puede depender de un determinado relieve acústico dado por la acentuación. El acento de la palabra, prosódico y etimológico, es el que existe en la pronunciación común, tal como también lo tiene la palabra en el uso habitual de la prosa. En general, este acento no cambia en la pronunciación del verso en el español moderno. Es el que podemos tomar como motor de un poema y se suele destacar en las llamadas letras de las canciones o poemas musicalizados.

Acentuar es dar fuerza o intensidad a una sílaba de la palabra. La acentuación marcada le da un valor significativo al poema. Para Tolstoi los poetas «son personas que saben encontrar una rima para cada palabra y combinar las palabras de diferentes maneras sonoras». Mientras que Saltikov-Schedrin dice: «No comprendo por qué es necesario caminar sobre un hilo y, además, agacharse cada tres pasos.» Este «agacharse» es responder al ritmo marcado por la acentuación. Las palabras se clasifican según el lugar en que se acentúan, y podemos escribir poemas motivados por determinado modo de acentuación que provoque un efecto sonoro coincidente con nuestro sentimiento. Encaramos las distintas variantes considerando el acento de la última palabra de cada verso como otra posibilidad de elaborar un poema, y se clasifican de la siguiente manera:

- *Agudas* (acentuadas en la última sílaba). Ejemplo:

> ... *cantando en el arpa así,*
> *en idioma guaraní.*
> *¡Llora, llora, urutaú,*
> *en las ramas del yatay,*
> *ya no exise el Paraguay,*
> *donde nací, com tú!*
> *¡Llora, llora, urutaú!*

CARLOS GUIDO Y SPANO,
Nenia

- *Llanas* (acentuadas en la penúltima sílaba). Ejemplo:

> *Puse una piña pelona*
> *sobre tres naranjas chinas,*
> *y le añadí en las esquinas*
> *la guayaba sabrosona.*
> *Así, en exilio, corona*
> *la reina insular, barroca,*
> *la naturaleza —poca—*
> *y muerta que le he ofrecido.*
> *Y el emblema que la evoca:*
> *«No habrá más penas ni olvido».*

SEVERO SARDUY,
Piña

- *Esdrújulas* (acentuadas en la antepenúltima síla-ba) y sobresdrújulas (acentuadas en la anterior a la antepenúltima sílaba). Ejemplo:

En *Construcción*, de Chico Buarque de Hollanda, las palabras esdrújulas al final de cada verso concentran la intensidad en los datos que constituyen la clave del poema y de la tragedia implícita.

Amó aquella vez como si fuera la última
besó a su mujer como si fuera la última
y a cada hijo suyo como si fuera el único
y atravesó la calle con su paso tímido.

Subió a la construcción como si fuera máquina.

Alzó en algún lugar cuatro paredes sólidas
ladrillo con ladrillo en un diseño mágico
sus ojos empapados de cemento y lágrimas.
Se puso a descansar como si fuera sábado
comió frijol y arroz como si fuera un príncipe
bebió y sollozó como si fuera un náufrago
bailó y se rió como si oyera música
y tropezó en el sol como si fuera un cómico.

Se bamboleó y tembló como si fuera un pájaro
y terminó en el suelo hecho un paquete alcohólico
y agonizó en el medio del paseo público

murió a contramano interrumpiendo el tráfico.

Amó aquella vez como si fuera el único
besó a su mujer como si fuera la última

y a cada hijo suyo como si fuera el pródigo
y atravesó la calle con su paso cómico.

Subió a la construcción como si fuera sólida.

(...)
Se bamboleó y tembló como si fuera sábado
y terminó en el suelo hecho un paquete tímido
y agonizó en el medio del paseo náufrago
murió a contramano interrumpiendo al público.

Amó aquella vez como si fuera mágico
    Amó aquella vez como si fuera la última
besó a su mujer como si fuera tóxico
    besó a su mujer como si fuera alcohólico
y a cada hijo suyo cual si fuera un príncipe
y atravesó la calle con su paso lógico
    lúcido, lícito.

Subió a la construcción como si fuera alcohólico
    subió a la construcción como si fuera el único.

(...)
Se bamboleó y tembló como si oyera música
y terminó en el suelo hecho un paquete trágico
y agonizó en el medio del paseo incrédulo

murió a contramano interrumpiendo al prójimo.

Amó aquella vez como si fuera máquina
    besó a su mujer como si fuera lógico
alzó en algún lugar cuatro paredes tímidas
    se puso a descansar como si fuera un pájaro

y tropezó con el sol como si fuera príncipe
y terminó en el suelo hecho un paquete alcohólico

murió a contramano interrumpiendo el sábado...

Jugar con la acentuación

Otra posibilidad de emplear la acentuación como determinante en un poema es inventar acentuaciones no existentes y adaptar la palabra a su potencia.

En el siguiente poema, *Mazúrquica modérnica*, de Violeta Parra, podemos ver cómo la «invención esdrújula» domina todo el poema y genera cambios en las palabras:

> Me han preguntádico varias persónicas
> si peligrósicas para las másicas
> son las canciónicas agitadóricas,
> ay qué pregúntica más infantílica;
> sólo un pitúquico la formulárica,
> pa mis adéntricos yo comentárica.
>
> Le he contestádico yo al preguntónico
> cuando la guática pide comídica
> pone al cristiánico firme y guerrérico
> por sus poróticos y sus cebóllicas;
> no hay regimiéntico que los deténguica
> si tienen hámbrica los populáricos.
>
> Caballeríticos, almidonáticos,
> almibarádicos, homosex... ni... ni...

le echan carbónico al inocéntico
y arrellanádicos en sus sillónicos
cuentan los muérticos de los encuéntricos
como frivólicos y bataclánicos.

Partidirísticos, disimuládicos,
minifundísticos y muy malúlicos,
son peligrósicos más que los vérsicos
más que los cánticos y los desfílicos,
bajito cuérdica firman papélicos
lavan sus mánicos como Piláticos.

Ni los obréricos, ni los milíquicos
tienen la cúlpica señor fiscálico.

Lo que yo cántico es una respuéstica
a una pregúntica de unos graciósicos
y más no cántico porque no quérico
tengo perézica en los talónicos,
en los zapáticos, en los tobíllicos,
en los riñónicos y en los bolsíllicos.

La anáfora

Es la repetición de una misma palabra al inicio de
la estrofa o de cada verso. La anáfora nos permite
configurar un molde que indica los límites del espacio, la unidad de las estrofas —cuando las hay— o el
encadenamiento rítmico que provoca la repetición.
Es un modo de destacar y potenciar un aspecto significativo.

Ejemplo de anáfora al inicio de la estrofa:

> *Cada vez que paso*
> *bajo tu ventana,*
> *me azota el aroma*
> *que aún flota en tu casa.*
>
> *Cada vez que paso*
> *junto al cementerio*
> *me arrastra la fuerza*
> *que aún sopla en tus huesos.*

MIGUEL HERNÁNDEZ,
Cada vez que paso

Ejemplo de anáfora al inicio de cada verso:

Toda la noche la luna giró desde los techos hasta
[abajo de los árboles
toda la noche las orejas de Dumbo agitaron los sueños
[de mi hija
toda la noche le rogué a los sueños que no se muevan ni
[pidan pis ni murmuren
toda la noche el viento jugó con las ramas y las ramas
[con las sombras
toda la noche aprendí a escuchar el ruido de las
[sombras en la oscuridad.

ALBERTO SZPUNBERG,
El jardín

La aliteración

La aliteración es la reiteración de sonidos iguales o semejantes en una palabra, algunos versos o una estructura poética. Puede complementar lo que dice el texto. Abarca un amplio espectro: desde la tenue suavidad hasta la violencia agresiva se pueden expresar gracias a este mecanismo que consiste simplemente —y no tan simplemente— en insistir, reincidir con un sonido. Resonar, retumbar, resoplar, atronar, ensordecer, susurrar, son algunas de las múltiples formas sonoras que traduce la aliteración, pero también los sonidos de las cosas existentes en el mundo. Demuestran la vinculación entre música y palabra. Ejemplos:

El ruido con que rueda la ronca tempestad
JUAN DE ZORRILLA

En el silencio sólo se escuchaba
un susurro de abejas que sonaba
GARCILASO DE LA VEGA

un no sé qué que quedan balbuciendo
SAN JUAN DE LA CRUZ

Rompe Tritón su caracol torcido...
GÓNGORA

chillería de chiquillos...
JUAN RAMÓN JIMÉNEZ

Mediante la aliteración podemos potenciar el ritmo y el sentido de un verso o de un poema, e intentar incluir en el poema las percepciones de los seres y las cosas. Podemos reconocer la aliteración de las siguientes maneras:

a) Como repetición de un determinado fonema con frecuencia superior a la normal.
b) Como repetición de dos o más fonemas.
c) Como repetición de palabras y terminaciones de palabras.

Veámoslo:

a) Repetición de un determinado fonema.

En *Juancito Caminador*, de Raúl González Tuñón, la «r» es el sonido que simboliza el camino del Caminador. Aparece en todos los versos menos en la repetición «todo, menos la canción» y en «un poeta lo despida»; es decir, en los momentos que se refiere específicamente a su función de poeta, donde el camino queda detenido, es eterno.

> *Juancito Caminador*
> *murió en un lejano puerto.*
> *Su prestidigitación*
> *poca cosa deja al muerto.*
>
> *Terminada su función*
> *canción, paloma y baraja.*
> *Todo cabe en una caja,*
> *todo, menos la canción.*

Ponle luto a la pianola,
al conejito, a la estrella,
al barquito, a la botella,
al botellón y a la bola.

Música de barracón.
Canción, baraja y paloma,
flor de trapo sin aroma,
todo, menos la canción.

Ponle luto a la veleta,
al gallo, al reloj de cuco,
al fonógrafo, al trabuco,
al vaso y a la carpeta.

Su prestidigitación,
canción, paloma y baraja,
el tiempo humilla y ultraja,
todo, menos la canción.

Mucha muerte a poca vida,
que lo entierren de una vez.
La reina del ajedrez,
y un poeta lo despida.

Truco mágico, ilusión.
Canción, baraja y paloma,
que todo en broma se toma.
Todo, menos la canción.

b) Repetición de dos o más fonemas.

En el siguiente soneto de Hernando de Acuña, de *Varias poesías*, el poeta se apoya en la aliteración para crear la contraposición que organiza el texto. Trabaja con las eses y las erres. En la primera estrofa, las eses reiteradas indican la suavidad del deslizarse del río. Tras el «pero», la aliteración de erres indica la fuerza de la corriente. En los tercetos, se repite la contraposición: en el primero, las eses marcan el sosiego y, en el segundo, tras el «mas», las erres se ven completadas por las efes para dar sensación de corriente que avanza.

Como vemos que un río mansamente
por do no halla estorbo, sin sonido,
sigue su natural curso seguido,
tal que aun apenas murmurar se siente;
pero, si topa algún inconveniente,
rompe con fuerza y pasa con ruido,
tanto que de muy lejos es sentido
el alto y gran rumor de la corriente;
por sosegado curso semejante
fueron un tiempo mis alegres días,
sin que queja o pasión de mí se oyese;
mas como se me puso amor delante,
la gran corriente de las ansias mías
fue la fuerza que en el mundo se sintiese.

c) Repetición de palabras y terminaciones.

Una vez tuve una sangre
que soñaba ser un río,

> *luego soñando y soñando,*
> *mi sangre labró un camino.*
> *Sin saber que caminaba,*
> *mi sangre comenzó a andar*
> *y andando, piedra tras piedra,*
> *mi sangre llegó a la mar.*
> *Desde la mar subió al cielo...*
> *Del cielo volvió a bajar*
> *y otra vez se entró en mi pecho*
> *para hacerse manantial.*
> *Ahora, mi sangre es mi sueño*
> *y es mi sueño, mi cantar,*
> *y, mi cantar, es eterno.*

EMILIO PRADOS,
Jardín cerrado

Señalamos con mayúsculas las aliteraciones y las vemos en el mismo verso o en versos cercanos:

> *Una vez tuve una SANGRE*
> *que SOÑABA ser un río*
> *luego SOÑANDO y SOÑANDO,*
> *mi SANGRE labró un camino.*
> *Sin saber que CAMINABA,*
> *mi SANGRE comenzó a ANDAR*
> *y ANDANDO piedra tras piedra,*
> *mi SANGRE llegó a la MAR.*
> *Desde la MAR subió al cielo...*
> *Del cielo volvió a bajAR*
> *y otra vez se entró en mi pecho*
> *para hacerse manantial.*

Ahora mi SANGRE es mi SUEÑO
y es mi SUEÑO, mi CANTAR,
y, mi CANTAR, es eterno.

La estrategia

Emplear la aliteración es una manera de lla-
mar la atención del lector sobre determinado sonido o varios que articulan un poema. Otorga al
lector una sensación acústica específica.

La reproducción sonora

¿De qué nos valemos para relacionar una palabra
con su objeto? Una gran parte de las cosas del mundo
son sonoras y nos llaman la atención por los sonidos
que producen. Imitarlos es una tentación. El poema
convierte en esenciales los sonidos cotidianos, nos
obliga a prestar atención a lo que es parte de nuestro
transcurrir diario, nos permite rescatar algunos rui-
dos diurnos y nocturnos, «cantar» el mundo mediante la poesía. Así, la poesía dice lo que los demás no
pueden expresar y, en buena medida, lo hace a través
de los sonidos: canto o llanto.

La onomatopeya

Entre los artificios que conocemos, uno que ha resultado productivo para muchos poetas es la onoma-

topeya, mecanismo mediante el cual se intenta reproducir los sonidos existentes en el mundo circundante. Consiste más en el intento que en la imitación real de un determinado sonido, a través de fonemas, sílabas o palabras. Esto se relaciona con la indagación y la evolución fonética, campo básico de la poesía. La palabra «reír» proviene de *klak*. En ésta y en muchas otras se ha perdido toda relación entre sonido y sentido; también puede ser trabajo de la poesía recrearla. Veamos algunos ejemplos que incluyen voces de animales y otros sonidos.

• *Voces de personas y de animales*. En el siguiente poema se confunde el quiquiriquí del gallo con el guirigay o griterío de la gente.

> *(Sombras aún. Poca escena)*
> *Arrogante irrumpe el gallo.*
> *—Yo.*
>   *Yo.*
>   *Yo.*
>   *¡No, no me callo!*
>
> *Y alumbrándose resuena,*
> *Guirigay*
> *De una súbita verbena:*
> *—Sí.*
>   *Sí.*
>   *Sí.*
>   *¡Quiquiriquí!*
>
> *—¡Ay!*

Voz o color carmesí,
Álzate a más luz por mí,
Canta, brilla,
Arrincóname la pena.

Y ante la aurora amarilla
La cresta se yergue: ¡Sí!
(Hay cielo. Todo es escena)

JORGE GUILLÉN,
Gallo del amanecer

• *Sonidos de animales e inventados.*

1. En *La Pájara Pinta*, Rafael Alberti imita animales —sonidos animados— y mezcla las onomatopeyas con sonidos inventados:

Telón pintado. En el centro, sentada en la rama de un limonero, la Pájara Pinta. Alrededor de ella, todos los personajes de la obra, jugando al corro. Ante el telón, Pipirigallo —gran cresta de gallo, traje de campanillas—, puntero en la mano, dispuesto a explicar el argumento de la obra.

¡Pío-pío,
pío-pic!
¡Verdo-lari-lari-río,
río-ric!
¡Kikirikiiií!
¡Ladón
landera,
deralón

dinera,
nedirlín
nedirlón
nedirlera,
ronda, rondalín, randul,
faró, faralay,
guirí, guirigay,
bul!

¡Pío-pío,
pío-pic!
¡Verdo-lari-lari-río,
río-ric!
¡Kikirikiiií!

¡Plomba sin dali dalía!
¡Dariné!
¡Dariné dal bolería!
¡Dariné!
¡Celal larilando,
piril pirilpando!
¡Dariné!

¡Tarí-tarí,
pío-pic!
¡Verdo-lari-lari-río,
río-ric!

¡Mórali ton, motón, lira,
dalo dela vidovira!
¡Lendo diranda durindo,
dora dora virolindo!
¡Lumbrádol timbra darales,
moré toré loredales!
¡Uuuh,

ru,
bi,
buuu!...

2. En el siguiente poema se agregan a las onomatopeyas animadas, las inanimadas, correspondientes al ruido de objetos:

Zéjel de los vencejos

Los vencejos del sacristán
volando se vienen y volando se van.

«Que ya llegaron los vencejos,
padre, volando, de muy lejos,
que me subo a los nidos viejos»,
grita el crío del sacristán.

Monaguillo, trepa a la torre.
Mayo está aquí. Chiquillo, corre.
Qué aquelarre, guirigay, guirigorre,
los vencejos chillando están.

Cómo rayan el cielo, ¿oís?
con las alas, con los picos, ras, ris,
—¿Seda? ¿Lija? ¡Chisgarabís!—
los vencejos del sacristán.

Los vencejos del sacristán
que volando vinieron y volando se van.

GERARDO DIEGO

3. La palabra como instrumento musical: En *Canto para matar una culebra*, Nicolás Guillén intenta reproducir el sonido de los instrumentos de percusión que emplean las estructuras rítmicas del folclore cubano:

> ¡Mayombé-bombe-mayombé!
> ¡Mayombé-bombe-mayombé!
> ¡Mayombé-bombe-mayombé!
>
> La culebra tiene los ojos de vidrio;
> la culebra viene y se enreda en un palo;
> con sus ojos de vidrio, en un palo,
> con sus ojos de vidrio.
> La culebra camina sin patas;
> la culebra se esconde en la yerba;
> caminando se esconde en la yerba;
> caminando sin patas.
> ¡Mayombé-bombe-mayombé!
> ¡Mayombé-bombe-mayombé!
> ¡Mayombé-bombe-mayombé!
> Tú le das con el hacha, y se muere.
> ¡dale ya!
> ¡No le des con el pie, que te muerde,
> no le des con el pie, que se va!
> Sensemayá, la culebra,
> sensemayá.
> Sensemayá, con sus ojos,
> sensemayá.
> Sensemayá, con su lengua,
> sensemayá.
> Sensemayá, con su boca,
> sensemayá.

La culebra muerta no puede comer;
la culebra muerta no puede silbar;
no puede caminar, no puede correr.
La culebra muerta no puede mirar;
la culebra muerta no puede beber;
no puede respirar,
¡no puede morder!

El balbuceo y la exclamación

En la infancia, el lenguaje es ante todo pura cadencia. Una cadena de expresiones sonoras como los balbuceos y las exclamaciones configuran el campo infantil. Recuperarlas para la poesía y darles un nuevo sentido es la idea.

El balbuceo

Consiste en trastocar los fonemas o las sílabas de las palabras y nos permite valorar los errores como productores de sorpresa.

Ejemplo: partiendo de la primera estrofa de la *Canción del Pirata,* de José de Espronceda, Nicolás Guillén, en *Interludio*, introduce una serie de modificaciones de tipo fonético: cambia uno o dos fonemas por palabra y consigue un nuevo poema:

El poema de Espronceda:

Con diez cañones por banda
viento en popa a toda vela

> no corta el mar, sino vuela
> un velero bergantín.
> Bajel pirata que llaman
> por su bravura El Temido
> en todo el mar conocido
> del uno al otro confín.

El poema de Guillén:

> Con diez coñones por bonda
> vianto en pipa a toda bula,
> no carta el mer, sino viula
> un bularo bergantón:
> Bajol pireta que lloman
> por su bravara El Temoro,
> en tido el mer conosodo
> del ino al etro confón.

La exclamación

Consiste en transmitir una expresión viva y gráfica mediante signos de exclamación que indican un aumento de intensidad en el hablante.

> ¡Otro estúpido milagro! ¡De vuelta estoy equivocado!
> ¡Tu indiferencia! ¡Mi entusiasmo!
> ¡Yo insisto! ¡Tú toses!

ALLEN GINSBERG,
La inteligencia brillante

Podemos emplear una exclamación leve dentro de un inciso. Ejemplo:

> Y la noche será tan clara
> Si amor la toca
> ¡Ay! como si nos la alumbrara
> Dios en mi boca.

JORGE GUILLÉN

Juegos verbales

También el vocabulario y los fonemas nos permiten crear poemas a partir de combinaciones de dos o más sonidos determinados como los siguientes:

• *Con fonemas.*
Podemos elegir determinadas consonantes o vocales.
a) Con dos consonantes unidas: «nt».

> Cubrió tierno y penitente
> (puro cuento, puro cuento)
> mi vericueto en mi vientre.
> Como mítico pintor,
> con éxito, y con temor
> químico e irreverente,
> entre pimientos y puerros
> me noqueó con intención
> y cubrió con nuevo brío,
> en meritorio portento,

mi pie y mi peinetón.
Vicente, cuervo Vicente
zoquete en cinco y nueve
quien vive bruto en un yunque,
muere en octubre, muere
en un reventón certero
como certero un veneno:
betún y yute en puré
con punto picón entero.

MARÍA ANGÉLICA MONTERO,
Tierno Vicente

b)   Con dos consonantes aisladas. Garcilaso de la Vega crea un rumor sonoro específico gracias a que en el final de cada verso pasa del sonido «cho-cha» al uso de la «r», en «mirado, veros, mereceros, conoceros, mirado...».

Nadie puede ser dichoso,
señora, ni desdichado,
sino que os haya mirado.
Porque la gloria de veros
en ese punto se quita
que se piensa mereceros
Así que, sin conoceros,
nadie puede ser dichoso,
señora, ni desdichado,
sino que os haya mirado.

c) Con palabras fonéticamente similares y otras inexistentes, derivadas de las existentes. En el siguiente poema, de *En la masmédula*, de Oliverio Girondo, juegan palabras fonéticamente similares: «vos» (es el «tú» en el léxico argentino) y «voz», y palabras inventadas: «yollar», verbo inventado, derivación del pronombre personal «yo», en varios tiempos; «tataconco» y «tatatodo», a las que cada lector puede darle su interpretación:

di
no me oyes
tataconco
soy yo sin vos
sin voz
aquí yollando
con mi yo sólo solo que yolla y yolla y yolla
entre mis subyollitos tan nimios micropsíquicos
    lo sé
lo sé   y tanto
desde el yo mero mínimo al verme yo harto en todo
junto a mis ya muertos y revivos yoes siempre siempre
    yollando y yoyollando siempre
por qué
si sos
por qué di
eh vos
no me oyes
tatatodo
por qué tanto yollar
responde

               y hasta cuándo

Crear una cadencia

Reiterar sólo una palabra, o más de una, constituyendo un verso, crea también una cadencia sonora determinada. En el siguiente poema, la reiteración de «yo te quería» origina una cadencia semejante a una letanía, vinculada al hecho ya pasado:

> *La noche era bellísima.*
> > *Yo te quería.*
> *San Salvador brillaba entre las flores.*
> > *Yo te quería.*
> *La Felicidad nunca tendrá tus ojos azules.*
> > *Yo te quería.*
> *Dueña de los Crepúsculos.*
> > *Yo te quería.*
> *Pastora de la Brisa.*
> > *Yo te quería.*
> *Ruiseñor Malvado.*
> > *Yo te quería.*
> *Espuma del Silencio.*
> > *Yo te quería.*
> *Agua bajo los Puentes.*
> > *Yo te quería.*
> *Olvida los cantos que te escribí.*
> > *Yo te quería.*
> *Aún ahora, aunque sea tarde,*
> *y una paloma ciega*
> *vuele para siempre entre nosotros...*

> MANUEL SCORZA,
> *Nocturno en San Salvador*

El mapa sonoro

¿Es conveniente diagramar un mapa sonoro para el poema? Edgar Allan Poe se plantea el diagrama sonoro del poema previamente a su escritura definitiva, contempla la función del estribillo y el simbolismo fonético de la palabra. «Fijados estos puntos —señala—, me ocupé de la naturaleza de mi estribillo. Puesto que su aplicación iba a variar continuamente, resultaba claro que debía ser breve, ya que cualquier frase extensa hubiera presentado dificultades insuperables de aplicación variada. La facilidad de la variación sería naturalmente proporcionada a la brevedad de la frase. Y esto me condujo a emplear una sola palabra como estribillo.

»Presentábase ahora la cuestión del carácter de la palabra. Decidido el uso de un estribillo, su corolario era la división del poema en estrofas, cuyo final sería dado por aquél. No cabía duda de que el final, para tener fuerza, debía ser sonoro y pasible de énfasis; estas consideraciones me llevaron inevitablemente a pensar en la "o" como vocal más sonora, asociada con la "r" como la consonante que mejor prolonga el sonido.

»Determinado así el sonido del estribillo, era necesario seleccionar una palabra que lo incluyera y que al mismo tiempo guardara la mayor relación posible con esa melancolía predeterminada como tono para el poema.

»En semejante búsqueda hubiera sido absolutamente imposible pasar por alto la palabra *nevermore* ("nunca jamás")».

6
Los artificios lexicales. La palabra clave

La palabra es la materia del poema: es el material poético. ¿Qué palabras nos provocan placer? ¿Cuáles son un biombo tras el que están nuestros más íntimos secretos? ¿Cuáles nos sugieren sensaciones, positivas y negativas?

Individualmente contamos con una o más palabras clave que concentran parte de nuestra historia y movilizan nuestras emociones. Constituyen el vocabulario personal. Recuperarlas es conquistar la poesía. Así podemos trabajarla como núcleo generador de múltiples sensaciones, recuerdos, vivencias, sueños, miedos, deseos...

En sí, el poema es un conjunto de palabras sometidas a cierta espacialización. Pero esta perspectiva peculiar rompe la inercia de lo cotidiano e irrumpe por sus intersticios. La palabra clave del poeta es un estilete que incita a los lectores. Es un elemento de evocación y de unión. De evocación, porque nos permite asociar, recordar, revivir, desde el presente, los hechos del pasado y los deseos del futuro. De unión, dentro del conjunto de palabras denominado léxico.

Así, evocando y uniendo palabras, organizándolas en un contexto y espacializándolas de una manera determinada, configuramos el poema. Seleccionar el léxico con el que configuraremos el poema puede ser el primer paso o, al revés, avanzamos por un itinerario de palabras pertenecientes a una familia que nos tienden el hilo para salir del laberinto o para conquistarlo.

La herramienta lexical

El léxico es el conjunto de palabras que constituyen el lenguaje. Considerada como herramienta lexical, la palabra forma parte de este conjunto desde las siguientes perspectivas:

1. Léxico como elección de un vocabulario determinado.

2. Léxico como empleo de dicho vocabulario.

Dice César Vallejo: «Poesía nueva ha dado en llamarse a los versos cuyo léxico está formado de las palabras "cinema, motor, caballos de fuerza, avión, radio, jazzband, telegrafía sin hilos", y, en general, de todas las voces de las ciencias de industrias contemporáneas, no importa que el léxico corresponda o no a una sensibilidad auténticamente nueva. Lo importante son las palabras.»

Hay léxicos o vocabularios específicos correspondientes a un campo determinado. Son conjuntos de palabras que se vinculan semánticamente entre sí como el de la fotografía, la náutica, el teatro, etc. También podemos reorganizarlo en un poema. Dice Jorge Guillén: «La poesía no requiere ningún especial len-

guaje poético. Ninguna palabra está de antemano ex-
cluida; cualquier giro puede configurar la frase. Todo
depende, en resumen, del contexto. Sólo importa la
situación de cada componente dentro del conjunto, y
este valor funcional es el decisivo. La palabra "rosa"
no es más poética que la palabra "política". Por supuesto, "rosa" huele mejor que "política": simple diferencia de calidades reales para el olfato (...). Belleza
no es poesía, aunque sí muchas veces su aliada. De
ahí que haya más versos en que se acomode "rosa"
que "política" (...). Es probable que "administración"
no haya gozado aún de resonancia lírica. Pero mañana, mañana por la mañana, podría ser proferido poé-
ticamente con reverencia, con ternura, con ira, con
desdén. "¡Administración!" Bastaría el uso poético,
porque sólo es poético el uso, o sea, la acción efectiva
de la palabra dentro del poema: único organismo real.
No hay más que lenguaje de poema: palabras situadas
en un conjunto. Cada autor siente sus preferencias,
sus aversiones y determina sus límites según cierto
nivel. El nivel del poema varía; varía la distancia entre el lenguaje ordinario y este nuevo lenguaje, entre
el habla coloquial y esta oración de mayor o menor
canto. A cierto nivel se justifican las inflexiones elo-
cuentes. Nada más natural, a otro nivel, que las inflexiones prosaicas, así ya no prosaicas (...). Lenguaje
poético, no. Pero sí lenguaje de poema, modulado en
gradaciones, de intensidad y nunca puro.» «Es por
medio de la palabra —dice Dante— como el hombre
ocupa una posición intermedia entre los animales y
los ángeles.»

Dice Rubén Darío: «Las palabras nacen juntamen-

te con la idea o coexisten con la idea, pues no podemos darnos cuenta de las unas sin la otra... En el principio está la palabra como única representación. No es
más que un signo o una combinación de signos; mas
lo contiene todo por su actitud demiúrgica.»

La palabra clave es la que se expande y crea una
red que configura el poema. En consecuencia, la misma palabra es encarada de distintas maneras por cada
poeta. Veámoslo con algunos ejemplos de poemas, en
los que la palabra clave es «suspiro».

1. En la *Rima XVI*, de Bécquer, la palabra «suspiro» representa al poeta enamorado.

> *Si al mecer las azules campanillas*
> > *de tu balcón*
> *crees que suspirando pasa el viento*
> > *murmurador,*
> *sabe que, oculto entre las verdes hojas.*
> > *suspiro yo.*
> *Si al resonar confuso a tus espaldas*
> > *vago rumor,*
> *crees que por tu nombre te ha llamado*
> > *lejana voz,*
> *sabe que, entre las sombras que te cercan,*
> > *te llamo yo.*
> *Si se turba medroso en la alta noche*
> > *tu corazón*
> *al sentir en tus labios un aliento*
> > *abrasador,*
> *sabe que, aunque invisible, al lado tuyo*
> > *respiro yo.*

2. En el soneto de Góngora que transcribimos a continuación, el poeta se apoya en dos palabras clave, una de ellas es la misma del poema anterior: «suspiros», y la otra es «lágrimas», para expresar el sentimiento. De modo directo o indirecto, todo el poema está producido por las palabras clave de la siguiente manera:

a) Los suspiros:

verso 1: Suspiros tristes
verso 2: que lanza el corazón
verso 3: las ramas remueven
verso 5: mas del viento las fuerzas conjuradas
verso 6: los suspiros desatan y remueven
verso 8: mal ellos
verso 14: suspirar en vano

b) Las lágrimas:

verso 1: lágrimas cansadas
verso 2: los ojos llueven
verso 3: los troncos bañan
verso 7: y los troncos las lágrimas se beben
verso 8: y peor ellas derramadas
verso 9: Hasta en mi tierno rostro aquel tributo
verso 10: que dan mis ojos, invisible mano
verso 14: llorar sin premio

Suspiros tristes, lágrimas cansadas,
que lanza el corazón, los ojos llueven,
los troncos bañan y las ramas mueven
de estas plantas, a Alcides consagradas.

mas el viento las fuerzas conjuradas
los suspiros desatan y remueven,
y los troncos las lágrimas se beben,
mal ellos y peor ellas derramadas.

Hasta en mi tierno rostro aquel tributo
que dan mis ojos, invisible mano
de sombra o de aire me le deja enjuto,

porque aquel ángel fieramente humano
no crea mi dolor, y así es mi fruto
llorar sin premio y suspirar en vano.

LUIS DE GÓNGORA,
Sonetos completos

La estrategia

No existen palabras excluidas de nuestro vocabulario, el que engloba nuestras más íntimas vivencias. En él, el vocabulario corriente cobra significados insospechados. Palabras procedentes de los campos menos líricos, como el técnico, el científico, entre otros, se convierten en polos magnéticos productores del poema si el poeta así lo siente.

Significado y significación

Una palabra aislada es un referente, «se refiere a». Sin embargo, ese referente varía según la experiencia de cada receptor con ese mismo referente. Más varía cuando pasa a ser herramienta del poeta, para quien una misma palabra puede llegar a ser arma mortal o dulce anhelo.

¿Qué materia es la palabra?: Una palabra aislada, desde el punto de vista de su significado se refiere a algo. La palabra «mesa» es lo que conocemos como *mesa*, pero ese referente es distinto para cada individuo; depende de su historia personal y de sus vivencias. Cuando el poeta es quien trabaja la palabra, ésta llega a variar su significación, pues la tarea del poeta es resemantizar las palabras, es decir, darles una nueva significación. Dice Abel Martín: «El material que el lírico maneja es la palabra. La palabra no es materia bruta. No os costará demasiado trabajo comprender la diferencia que existe entre un montón de piedras y un grupo de palabras, entre un diccionario y una cantera. Sin embargo, al poeta le es dado su material como al escultor el mármol o el bronce (...). Pero las palabras, a diferencia de las piedras, maderas o metales, son ya por sí mismas significaciones humanas, a las cuales da el poeta, necesariamente, otra significación.»

Resemantizar quiere decir que, en un poema, de acuerdo al contexto y a la transgresión que de las reglas hace el poeta, una palabra puede cumplir una función o adquirir una significación distinta a la habitual: se resemantiza. O sea:

Una palabra cumple una función en un contexto. Puede ser, por ejemplo, informativa o poética. Lo podemos comprobar con la palabra «oscuridad».

Ejemplo 1.

Función informativa: «La oscuridad es total en la ciudad a causa de un fallo eléctrico.» (Informa. Afirma algo.)

Ejemplo 2.

Función poética: «Me invade la infinita oscuridad.» (Sugiere, se crea un contexto misterioso y una atmósfera emotiva.)

Es, precisamente, gracias a la función poética del lenguaje que la palabra se resemantiza: adquiere nuevas significaciones. Podemos ver algunos ejemplos en los que el poeta trabaja con la palabra «luna». La «luna», que como sabemos es un tópico, se resemantiza en diferentes poemas y en cada uno cambia su sentido:

> *Una mujer morena*
> *resuelta en luna*
> *se derrama hilo a hilo*
> *sobre la cuna.*
> *Ríete, niño,*
> *que te trae la luna*
> *cuando es preciso.*

> MIGUEL HERNÁNDEZ,
> *Nanas de la cebolla*

> *Se apagaron los faroles*
> *y se encendieron los grillos*

ni los cristales con luna
relumbran con ese brillo.

FEDERICO GARCÍA LORCA,
La casada infiel

... y en el Estadio de la Luna, fieros,
gimnastas de las nieves, se revelan,
jabalinas y discos, los luceros.

RAFAEL ALBERTI,
Cal y canto

París brilla a la luna
desde lo alto del cielo.
Los tranvías pasan
como la muerte.

FRANCIS PICABIA,
El cielo

La palabra inicial y final

Iniciar o finalizar el verso o la estrofa con determinadas palabras nos permite destacar algún aspecto.

En el siguiente poema, cada verso está iniciado
por el pronombre personal «me», que insiste en torno a la idea del yo al que le ocurre algo. La última pa-

labra de cada verso es un sustantivo, en un juego que va de lo concreto a lo abstracto y que se transforma en el hilo conductor temático: «cosas», «árboles», «calles», «rostros», «voces», «tejados», «rejos», «flores», «máscaras», «ojos», «tardes», «sueños», «músicas», «mentiras», «sangre», «noches», «dudas», «penas», «sombras», «dioses».

> *Heimermene*
> *Me aplastan muchas cosas,*
> *me oprimen muchos árboles,*
> *me hieren muchas calles,*
> *me apresan muchos rostros,*
> *me queman muchas voces,*
> *me hablan muchos tejados,*
> *me ahogan muchos rejos,*
> *me ciegan muchas flores,*
> *me asedian muchas máscaras,*
> *me ocultan muchos ojos,*
> *me dañan muchas tardes,*
> *me olvidan muchos sueños,*
> *me duelen muchas músicas,*
> *me roen muchas mentiras,*
> *me invoca mucha sangre,*
> *me ordenan muchas noches,*
> *me arañan muchas dudas,*
> *me cantan muchas penas,*
> *me arrastran muchas sombras,*
> *me matan muchos dioses.*

RICARDO MOLINA,
A la luz de cada día

La palabra simbólica

Una palabra clave es también una palabra simbólica de algo que no puede expresar directamente o que, gracias al símbolo, consigue potenciar, y sobre la que el poeta insiste.

En la siguiente estrofa de Goethe, la palabra clave es «barra» y su repetición simboliza la tortura. Mirar constantemente a través de una verja es estar preso:

> *Del pasar de las barras tan cansada*
> *su vista está que no retiene más.*
> *Para ella es cual si hubiera una miríada*
> *de barras y no más mundo detrás.*

Una palabra, un mundo

Una palabra clave puede desencadenar una catarata de ideas. Apelar a la que nos motive para elaborar un poema es esencial. Puede ser un sustantivo, un adjetivo, un verbo, etcétera, el origen del conjunto.

1. *Un sustantivo.* En el siguiente poema, la palabra «hotel» es el nexo. Es el motor del texto, de ella provienen las imágenes; algunas, como «habitación», tienen una relación evidente, pero otras no. No sólo responde el poeta a la referencia de la palabra —«Hotel: establecimiento capaz de alojar a un número de huéspedes o viajeros»—, o al *hotel* de sus recuerdos, sino que trasciende la palabra y surge a partir de esta palabra el amor, la vida, la muerte.

Vago por los pasillos de este hotel
construido en los años veinte
(cuando los gángsters, la prohibición,
cuando Al Capone era emperador de Chicago).
Recorro los pasillos de un hotel
que ya no existe, o que no existe todavía,
pues están levantándolo delante de mis ojos,
piso a piso, día a día,
era en el mes de abril de 1991,
una proa que encalla en Times Square.
(...)
Este hotel (y si he dicho otra cosa
lo desmiento ahora) fue construido en 1870.
O acaso fuese antes. ¿Habrá quien pueda asegurarme
que no es sólo una pesadilla
que va a desvanecerse al despertar?

Soy un viajero que ha llegado
de otro lado del tiempo,
yo no sé si pasado o si futuro.
Puede que no haya aún llegado
que no haya estado aquí jamás,

puede que ni siquiera exista yo,
que no sea real mi sufrimiento
ante la puerta de la habitación 312.
(...)
«Alma, mi amor, siempre me dolerá.»
Me abro las venas, me desangro
—como el afluente en el río caudal—
en mi música. Mientras dure mi vida
durará la sangría, la piadosa hemorragia.

La habitación 312 es real,
y yo soy sólo humo, irrealidad o bruma.
O es ella, ellos, los que son irreales.
«Alma, mi amor», susurro una vez más
nadie me oye.

Este hotel fue derruido
en 1870, en 1920, en 1991,
o acaso nunca haya existido.

JOSÉ HIERRO

2. *Una serie de adjetivos.* Los adjetivos puestos como «adorno» o porque resultan cómodos diluyen la significación del poema; la elección es pertinente. En el siguiente ejemplo, la atmósfera se produce gracias a los adjetivos:

De la ciudad moruna
tras las murallas viejas,
yo contemplo la tarde silenciosa,
a solas con mi sombra y con mi pena.

El río va corriendo,
entre sombrías *huertas*
y grises *olivares*,
por los alegres *campos de Baeza.*

Tienen las vides *pámpanos* dorados
sobre las rojas *cepas.*
Guadalquivir, como un alfanje roto
y disperso, *reluce y espejea.*

Lejos, los montes duermen
envueltos en la niebla,
niebla de otoño, maternal; *descansan*
las rudas *moles de su ser de piedra*
en esta tibia *tarde de noviembre,*
tarde piadosa, cárdena y violeta.

El viento ha sacudido
los mustios *olmos de la carretera,*
levantando en rosados *torbellinos*
el polvo de la tierra.
La luna está subiendo
amoratada, jadeante y llena.

Los caminitos blancos
se cruzan y se alejan,
buscando los dispersos *caseríos*
del valle y de la sierra.
Caminos de los campos...
¡Ay, ya no puedo caminar con ella!

Antonio Machado,
Caminos

La estrategia

El léxico nos permite plantear un tema y crear una atmósfera. Por ello, dos aspectos básicos de la poesía son qué léxico elegimos y cómo lo empleamos. Al elegir determinadas palabras y eliminar otras, conseguimos perfilar un asunto más o menos emotivo, más o menos definido.

7
Las transformaciones

Comparación, imagen y metáfora, constituyentes fundamentales del poema, tienen un punto de coincidencia: son mecanismos que provocan el encuentro entre objetos disímiles. Para acercar dos palabras alejadas semánticamente, podemos emplear alguno de ellos, aunque los efectos consecuentes no son los mismos. Mediante ellos, hacemos entrar en contacto —y «explosionar»— dos realidades distintas.

La comparación

Comparar es unir y diferenciar; es descubrir semejanzas o diferencias entre dos o más elementos. Dice T. S. Eliot: «La única manera de encontrar una emoción en forma de arte es encontrar un elemento comparativo o "correlato objetivo"; en otras palabras, una serie de objetos, una situación, una cadena de acontecimientos que pueda constituir la fórmula para expresar esa emoción concreta.»

Como recurso literario, la comparación vincula

dos términos para ampliar la significación de uno de ellos. Consiste en comparar una cosa con otra con la que se advierte cierta semejanza. En toda comparación hay tres elementos: el real, el imaginario y el nexo. Veámoslo en el siguiente poema, en el que:

a) El término real es «árbol ciudadano».

b) Los términos imaginarios, con los que se compara el término real, son «pájaro olvidado» y «nube amaestrada».

c) El nexo entre el término real y el imaginario es «como».

EL ÁRBOL

Permanece en silencio, solitario,
en mitad de la plaza
como un pájaro olvidado
o quizás como una nube amaestrada
por vientos tramontanos.
No es ni sombra ni cobijo
de pájaros urbanos. No es, apenas,
el pudor de la tierra
izándose desde la tierra misma
hacia los cielos. Es, tan sólo.
un árbol ciudadano...

JOSÉ ANTONIO LABORDETA

En los versos anteriores existen dos comparaciones:

a) El árbol ciudadano es como un pájaro olvidado.

b) El árbol ciudadano es como una nube amaestrada.

Engloba una cantidad de nexos. Una forma de imaginar es vincular lo diferente, comparar dos realidades para poder inventar una tercera. Dice Gianni Rodari: «No basta un polo eléctrico para provocar una chispa: se necesitan dos. La palabra aislada "actúa" sólo cuando encuentra una segunda que la provoca, la obliga a salir de los caminos gastados del hábito, a descubrirse nuevas capacidades de significar. Su empleo da muy buenos resultados en poesía.»

Las partículas comparativas

Los dos elementos de la comparación se conectan mediante un nexo explícito o partícula comparativa. Entre ellos, «como» y «cual». Ejemplos:

> *La noche se puso íntima*
> *como una pequeña plaza*

Federico García Lorca

> *Ondeábale el viento que corría*
> *el oro fino con error galano,*
> *cual verde hoja de álamo lozano*
> *se mueve al rojo despuntar del día.*

Luis de Góngora

129

Las aproximaciones insólitas

Aproximar dos realidades absolutamente desvinculadas entre sí, teniendo en cuenta el marco en que esos dos elementos se encuentran, es lo que hace la comparación surrealista. Ejemplo:

Broche perdura
mientras injustamente declina
una taza
una taza portuguesa cualquiera
que se fabrica hoy
en una factoría de vajilla
ya que una taza
se parece por su forma
a una dulce antinomia municipal árabe
subida al extremo del contorno
como el mirar de mi bella Gala
el mirar de mi bella Gala
olor de litro
como tejido epitelial de mi bella Gala
su tejido epitelial bufón y lampista

sí lo repetiré mil veces.

Broche perdura
mientras injustamente declina
una taza
una taza portuguesa cualquiera
que se fabrica hoy
en una factoría de vajilla
ya que una taza

se parece por su forma
a una dulce antinomia municipal árabe
subida al extremo del contorno
como el mirar de mi bella Gala
el mirar de mi bella Gala
olor de litro
como tejido epitelial de mi bella Gala
su tejido epitelial bufón y lampista

sí lo repetiré mil veces.

SALVADOR DALÍ,
Broche Mecido

Montar un poema gracias a la comparación

En el *Canto III de Altazor*, Vicente Huidobro trabaja casi exclusivamente con comparaciones. Es un
método que podemos utilizar:

Basta señora arpa de las bellas imágenes
De los furtivos como iluminados
Otra cosa otra cosa buscamos
Sabemos posar un beso como una mirada
Plantar miradas como árboles
Enjaular árboles como pájaros
Regar pájaros como heliotropos
Tocar un heliotropo como una música
Vaciar una música como un saco
Degollar un saco como un pingüino
Cultivar pingüinos como viñedos
Ordeñar un viñedo como una vaca

Desarbolar vacas como veleros
Peinar un velero como un cometa
Desembarcar cometas como turistas

Embrujar turistas como serpientes
Cosechar serpientes como almendras
Desnudar una almendra como un atleta
Leñar atletas como cipreses
Iluminar cipreses como faroles
Anidar faroles como alondras
Exhalar alondras como suspiros
Bordar suspiros como sedas
Derramar sedas como ríos
Tremolar un río como una bandera
Desplumar una bandera como un gallo
Apagar un gallo como un incendio
Bogar en incendios como en mares

Segar mares como trigales
Repicar trigales como campanas
Desangrar campanas como corderos
Dibujar corderos como sonrisas
Embotellar sonrisas como licores
Engastar licores como alhajas
Electrizar alhajas como crepúsculos
Tripular crepúsculos como navíos
Descalzar un navío como un rey
Colgar reyes como auroras
Crucificar auroras como profetas
Etc. etc. etc.
Basta señor violín hundido en una ola ola
Cotidiana ola de religión miseria
De sueño en sueño posesión de pedrerías.

La imagen

Se suele decir que el poema es pura imagen o imagen concentrada. ¿Qué conseguimos gracias a la imagen? En primer lugar, formular conceptos con una visión personal. Nos permite abrir una grieta en el mundo cotidiano, establecer una relación entre un plano real y un plano evocado. Gracias a ella, podemos transmitir conceptos que no podríamos expresar de otro modo. En segundo lugar, podemos potenciar el texto literario. Es en la poesía donde más se evidencian los resultados. «El propósito del arte —señala Víktor Shklovsky— es comunicar la sensación de las cosas en el modo en que se perciben. Para ello, la imagen es un medio de reforzar la impresión poética y de atraer la atención del lector.»

La producción de la imagen

La imagen no es únicamente la evocación visible de una cosa en forma espontánea o dirigida. Su inclusión en un texto es el resultado de la asociación impulsiva entre un hecho, una persona, una cosa, con otro hecho, persona o cosa pertenecientes a campos semánticos distintos.

En el siguiente poema, las dos realidades que se unen e intercambian sus sentidos son la mirada y el mundo, y la imagen resultante sintetiza la vinculación amorosa.

> Quise mirar el mundo con tus ojos
> ilusionados, nuevos,
> verdes en el fondo
> como la primavera.
> Entré en tu cuerpo lleno de esperanza
> para admirar tanto prodigio desde
> el claro mirador de tus pupilas.
> Y fuiste tú la que acabaste viendo
> el fracaso del mundo con las mías.

ÁNGEL GONZÁLEZ,
Quise

La estrategia

Trabajar con la imagen teniendo claro que no es:
a) Una designación de una cosa que reemplaza a otra.
b) Una ilustración de seres y cosas.
c) La consecuencia de una reproducción de algo anterior, evocado o recordado.

La constitución

La imagen se constituye gracias a la relación de sentidos entre dos palabras y a la vinculación peculiar entre ellas.

1. *Relación de sentidos.* Como hemos visto, el encuentro entre las palabras que conforman la imagen provoca una tercera realidad, cuya interpretación corresponde al lector. La relación de sentidos puede corresponder a las siguientes formas:

a) Antagónica. El contraste entre dos palabras opuestas genera la imagen: «Es un triste alegre.»

b) Traspasables. Una de las palabras da su significación a la vecina. Generalmente, el adjetivo traspasa su condición al sustantivo: «La triste mercancía.»

c) De significado compartido. Ambas palabras proceden del mismo campo semántico. De este modo, se refuerza el sentido: «Amargura triste.»

2. *Vinculación peculiar.* La imagen se constituye lingüísticamente de la siguiente manera: se eligen y se unen palabras que no puedan establecer una relación lógica entre ellas. Veámoslo con los siguientes grupos de palabras:

a) Sustantivos: ladrón, barco, remedio, sueño, campana, abanico, paz, plátano, diablo, papel, forastero, casa, corazón, secreto.

b) Adjetivos: invencible, infinito, triste, pobre, antiguo, auténtico, transparente, ambiguo.

Imágenes resultantes:

- Sustantivo + sustantivo:

secreto + sueño
paz + papel

Son palabras que no corresponden al mismo contexto. Por lo tanto, si las unimos con un nexo —«y», «de»— obtenemos las siguientes imágenes:

Secreto y sueño
Paz de papel

- Sustantivo + adjetivo:

campana + infinito

La imagen resultante:

campana infinita

- Sujeto + predicado. Las palabras que reunimos en un encuentro imaginario productivo son «casa» y «barco» (sustantivo + sustantivo); «casa», en el sujeto y «barco», en el predicado. Primero las veremos incluidas en un breve fragmento del siguiente poema, y a continuación señalaremos las imágenes:

136

Mi casa es un gran barco
que no desea emprender su travesía.
Sus mástiles, sus jarcias,
se tornaron raíces
y medusas plantadas en medio de la mar;
¿podré decir el mar
oteado por el sol
o por el oro fétido del galeón desollado?
Mi casa es un gran barco que resguarda la noche.

NANCY MOREJÓN,
Mundos

Las imágenes:
- Frase-imagen: «Mi casa es un gran barco.»
- Otras imágenes se constituyen debido a la reunión de los siguientes pares de palabras:

Mástiles, jarcias / raíces, medusas
Oro fétido
Galeón desollado

- La descripción resultante, referida a la «casa-barco», imagen repetida seis veces en el poema total, constituye una nueva imagen que abarca todo el poema.

La estrategia

Partir de la comparación para encontrar los elementos distintos e inesperados que conformen la imagen.

Recurrir a los sentidos

Las imágenes sensoriales corresponden a los cinco sentidos combinados con otro tipo de palabras o entrecruzados para constituir también situaciones imaginarias. En los siguientes versos de García Lorca vemos una imagen sensorial constituida por un sustantivo —«corazón»— al que se le unen dos elementos correspondientes al sentido del gusto —«azúcar» y «yerbaluisa»— que, en el mundo real, no son atributos del corazón. Sin embargo, en el encuentro, cada lector imagina —visualiza una imagen— algo inexplicable con otras palabras:

> *Se quiebra su corazón*
> *de azúcar y yerbaluisa.*

Para constituir imágenes sensoriales, elegimos sustantivos y adjetivos y los combinamos con otros sustantivos o adjetivos referidos a los sentidos o no. Ejemplos:

Palabras referidas a los cinco sentidos:
Gusto: Sal, miel, azúcar, ácido, amargo.
Tacto: Rugosa, dura, áspera, suave, madera, mármol.
Olfato: Perfumado, aroma, lejía, sándalo.
Oído: Sonoro, estridente, rumor, timbre, ruido.
Mirada: Clara, oscura, visión, paisaje, panorama.
Empleando las palabras anteriores, las imágenes se constituyen de la siguiente manera:

1. Sustantivo + elemento gustativo (sustantivo): piel + azúcar. Ejemplo: «Su piel de azúcar lo atrapó.»

2. Sustantivo + elemento táctil (adjetivo): tristeza + rugosa. Ejemplo: «Rugosa tristeza de la mujer solitaria.»

3. Adjetivo + elemento olfativo (sustantivo): tímido + perfume. Ejemplo: «Su perfume tímido la atrajo.»

4. Sustantivo + elemento auditivo (sustantivo): pensamiento + rumor. Ejemplo: «El rumor de su pensamiento lo delató.»

5. Adjetivo + elemento visual (sustantivo): hiriente + panorama. Ejemplo: «El hiriente panorama la detuvo.»

La imagen desconcertante

La conjunción fortuita de elementos existenciales y sensoriales es la técnica que emplearon los surrealistas para conseguir imágenes desconcertantes. Dice André Breton: «Cuanto más lejanas estén dos realidades que se ponen en contacto, más fuerte será la imagen, tendrá más potencia emotiva y realidad poética.» Ejemplo:

En lo más fuerte de las risas estentóreas
Dentro de un cuenco de plomo
Qué satisfacción será tener
Alas de perro
Que sostiene un pájaro vivo en la boca.

Id a sumiros en la oscuridad
Para conservar ese rostro sombrío

O bien dadnos el consentimiento
Hay grasa en el techo
Saliva en los cristales
La luz es horrible.

Oh noche perdida
Ciego punto de caída en que la pena se ceba.

PAUL ÉLUARD,
Los maestros

La metáfora

La metáfora nos permite comprender una cosa en términos de otra. Se la define como la presencia de una ausencia. Es la sugerencia de algo que no está.

Tradicionalmente, la metáfora es considerada como transferencia y como identificación. Aristóteles la define como una idea nueva. Hace alusión a los siguientes aspectos: su distanciamiento del lenguaje cotidiano, su acercamiento a la imagen, su movimiento de traslación y su función estética. Dice Ortega y Gasset: «La metáfora es un procedimiento intelectual por cuyos medios conseguimos aprehender lo que se halla más lejos de nuestra potencia conceptual. Con lo más próximo y lo que mejor dominamos, podemos alcanzar contacto mental con lo remoto y más arisco. Es la metáfora un suplemento a nuestro brazo intelectivo, y representa, en lógica, la caña de pescar o el fusil.»

Su constitución

En griego significa «transposición». Se la suele designar como el mecanismo por el cual se aplica el nombre de un objeto a otro objeto en el que se observa alguna analogía. La intuición establece entre ellos una comparación, y designa a uno con el nombre del otro, suprimiendo cualquier rastro gramatical de la comparación.

1. *La comparación*. El término real y el imaginario se comparan:

A) Término real
«Su modo de andar es

B) Término imaginario
como el balanceo de las olas.»

Fórmula: A es como B

2. *La metáfora*. Sólo aparece el término imaginario, sin mencionarse el término real: «Su oleaje.» Aquí el término real y el imaginario se identifican.

Fórmula: B en lugar de A.

Las funciones

El principal mecanismo de la metáfora es la interacción entre dos componentes entre los que se genera una tensión. Al mismo tiempo, cumple las siguientes funciones:

1. *Sustitución y analogía*. Permite sustituir una palabra por otra con la que guarda cierto grado de similitud; y persigue la analogía más significativa. Por ejemplo, en el primer verso de *El cementerio marino* de Paul Valéry hay dos analogías: techo = mar; palomas = veleros: «Este techo tranquilo por el que se pasean las palomas.»

2. *Condensación*. Nos permite economizar explicaciones. El pintor Antonio Saura explica del siguiente modo el paso previo a la metáfora, el proceso que lo lleva a condensar una figura en otra, en lugar de explicar qué es esa figura para él: «La primera vez que vi en un lecho a una mujer desnuda y frente al espectáculo de su deslumbrante cuerpo, pensé inmediatamente en una dilatada caracola.» La síntesis y el poder evocativo expresados en la palabra caracola es más significativa que una posible descripción acerca de la primera mujer que vio desnuda.

3. *Conmoción*. La metáfora nos permite componer con palabras libremente asociadas; la surrealista se caracteriza por su audacia. Ejemplo:

El helecho murmura en las esquinas una presencia
[de regalos
Y me conduce hacia el sótano de terciopelo
Como se exprime una esponja entre los dos hombros
Los claros verticales en los que el hombre corre pegado
[a sí mismo

Sus deseos como cola luminosa
Un árbol los designa
Serpiente
Nunca visible qué pasa bajo las hojas las miradas
                                    [bajo los encuentros matinales
De mujeres empapadas
Sueño desesperado

JEHAN MAYOUX,
La cabellera

La metáfora hermética

Recuperar la presencia de algo que no está nombrado en el texto es lo que consigue la metáfora surrealista hermética. Vincula dos realidades mediante el azar. Ejemplo:

El negro de humo el negro de animal el negro de negro
se han citado entre dos monumentos a los muertos
que pueden confundirse con mis orejas
en que el eco de tu voz de fantasma de mica marina
repite indefinidamente tu nombre
que tanto se parece a todo lo contrario de un eclipse
                                              [solar
que me creo cuando tú me miras
un pie de alondra en un glaciar del que abrirás
                                              [la puerta
con la esperanza de ver escapar una golondrina de
                                        [peleo en llamas

si tú quieres
como una golondrina
quiere la hora del verano para interpretar la música de
[las tormentas
y la fabrica al modo de una mosca
que sueña una tela de araña de azúcar
dentro de un cristal de ojo
a veces azul como una estrella móvil reflejada por un
[ojo
a veces verde como una fuente que rezuma de un reloj.

BENJAMÍN PÉRET,
Háblame

La metáfora muerta

Una variante es la metáfora que pasa desapercibida porque se ha incorporado al lenguaje. La metáfora es un mecanismo de trueque. ¿Qué es lo que intercambiamos gracias a ella? Una palabra por una idea.

En contraste con las metáforas «vivas», singulares, que despiertan la curiosidad, movilizan el pensamiento del lector y lo conducen al desciframiento, existe una serie de metáforas llamadas muertas porque han pasado a formar parte del lenguaje cotidiano y no llaman la atención. Ejemplos:

La pata de la silla, mesa, banco. / La cabeza de la aguja, clavo, grano. / La araña de la lámpara. / La red de carreteras. / La copa del árbol. / Al filo de la noche.

/ La boca del río. / Cae la tarde. / Llover a cántaros. /
Ojos de lince. / Lo sé de buena tinta. / Eres un sol. /
Tiene malas pulgas. / Hilas muy fino. / Andar con pies
de plomo. / Ése está enchufado. / Esta tía es un bom-
bón. / Poner el dedo en la llaga.

La estrategia

Con las metáforas muertas, que usamos auto-
máticamente, y que están gastadas, estereotipadas
por el uso, podemos jugar y generar el humor,
pero no emplearlas en un poema.

8

Visualizar las palabras en el espacio. Los artificios gráficos

De la distribución del texto en la página depende también el sentido del poema. Así como en la poesía tradicional el ritmo estaba dado fundamentalmente por el sonido, en la moderna es la espacialización el factor productor del ritmo: imperaba el sonido y la rima atrapaba al lector por el oído; mientras que la imagen visual atrapa en buena medida al lector actual.

El poeta inventa formas insólitas, las adecua a la imagen gráfica o la imagen gráfica produce el poema: el orden es arbitrario y las modalidades infinitas. En consecuencia, se pueden crear variaciones centradas en dibujos, trabajar con la extensión de las palabras, fragmentarlas, distanciarlas, teniendo en cuenta que lo que también estamos dirigiendo es la mirada del lector.

La espacialización

El primer contacto visual con la página escrita nos indica si el conjunto es poema o prosa gracias a su distribución, denominada *espacialización*. Consiste en establecer el lugar de cada palabra, y conjunto de palabras, en versos, y en la totalidad de la página. Esta distribución no debe ser arbitraria u ornamental, sino que debe responder al sentido del poema y a los aspectos que se desean potenciar. Ejemplo:

Para diferenciar los efectos de lectura, primero convertiremos en prosa un poema de Federico García Lorca; a continuación, lo transcribiremos espacializado en columna (tal como aparece en el original), a la manera tradicional; y por último, distribuido irregularmente en el espacio.

1. *No te pude ver cuando eras soltera, mas de casada te encontraré. Te desnudaré casada y romera, cuando en lo oscuro las doce den.*

2. *No te pude ver*
   cuando eras soltera,
   mas de casada
   te encontraré.
   Te desnudaré
   casada y romera,
   cuando en lo oscuro
   las doce den.

3.   *No te pude ver*
   cuando eras soltera
   mas de casada
                          te encontraré.
                          Te desnudaré
   casada y romera,

> cuando   *en lo oscuro*
> *las doce den.*

4. *No te pude ver cuando eras soltera, mas de casa-*
   da te encontraré.
   Te desnudaré   *casada y romera*
                            cuando
   en lo oscuro   *las doce den.*

La estrategia

Podemos partir del gráfico que el tema pensado insinúa y organizar la medida de los versos y la
configuración del poema de acuerdo con un plan
que podemos diagramar previamente.

La fuerza de la extensión

Cada medida coincide con el decir del poeta. Para
expresiones dináminas solemos usar el verso de menor
medida. Para las más lentas, el verso de mayor cantidad de sílabas. Pero puede ocurrir que nuestro pensamiento nos obligue a hacer lo contrario y digamos lo
breve en versos largos y viceversa. Todo depende del
pensamiento mismo. Además, podemos enlazar los
versos breves y los largos en mayor o menor propor-
ción. Es decir, la poesía es un despliegue lingüístico
que nos permite crear determinados efectos de sentido. Podemos irradiar el significado empleando distintos ritmos subjetivos: la rapidez, la lentitud, la exaltación, etc., para expresar nuestros estados internos.

Blok dice que la fuerza creativa del ritmo «levanta la palabra sobre la cresta de la onda musical», y que «la palabra rítmica se agudiza como una flecha que vuela directa hacia su blanco».

El ritmo lento se suele vincular con el verso largo, mayor de ocho sílabas. El pareado es un tipo de mecanismo poético que permite conseguir el efecto de machaque, de lentitud, debido a la repetición de versos similares en el espacio —que en conjunto constituyen un bloque— y de los sonidos finales. Ejemplo:

> *Son las seis de la tarde, julio, Castilla.*
> *El sol no alumbra, que arde; ciega, no brilla;*
> *la luz es una llama que abrasa el cielo;*
> *ni una brisa una rama mueve en el suelo.*
> *Desde el hombre a la mosca todo se enerva;*
> *la culebra se enrosca bajo la hierba;*
> *la perdiz por la siembra suelta no corre,*
> *y el cigüeño a la hembra deja en la torre.*
> *Ni el topo de galvana se asoma a su hoyo,*
> *ni el mosco pez se afana contra el arroyo,*
> *ni hoza la comadreja por la montaña,*
> *ni labra miel la abeja, ni hila la araña.*
> *El agua el aire no arruga, la mies no ondea,*
> *ni las flores la oruga torpe babea;*
> *todo el fuego se agosta del seco estío;*
> *duerme hasta la langosta sobre el plantío.*

José Zorrilla,
La siesta

Traspasar los moldes

Ya sabemos que en el poema cuya métrica es regular el ritmo depende de una serie de reglas; en el verso libre, de la emoción y la necesidad interna del poeta. Pero, además, el versolibrismo propicia la configuración espacial del poema. Producir determinados dibujos en el espacio, espacializar, responde a una necesidad interna y provoca un contacto diferente con el lector que recibe una especie de guía en la que resaltan algunas palabras y se agrupan otras. Dice Juan Ramón Jiménez: «El verdadero soneto es aquel que siéndolo hermosamente haga olvidar que es soneto, recordar sólo que es hermoso.» Ejemplo:

En el siguiente poema, el juego gráfico destaca «Agonizan ruiseñores» y «siete».

Silencios de la luz. Columnas.
En los altares de las monedas.
Vuela el acero intacto.

> *Agonizan ruiseñores*
> *Siete caballos sobre siete estelas*
> *en el templo.*
> *Siete*
> *caballos devorando al oficiante.*

José Gutiérrez,
Sacrificio

La disposición verbal

Al elegir determinadas palabras y configurar con ellas un dibujo singular, al disponer la materia verbal en el circuito cerrado del poema, estamos eligiendo su movimiento. Confrontaremos dos poemas en los que de acuerdo a la disposición verbal se puede observar un sentido diferente y un ritmo diferente.

1. El poema siguiente se caracteriza por:
a) Disposición verbal: cada verso indica un corte rítmico. Lo marca la mayúscula inicial de cada verso a pesar de que no hay un punto final en cada línea.
b) Tema: habla de una ruptura, de un corte.

> *Echó café*
> *En la taza*
> *Echó leche*
> *En la taza de café*
> *En el café con leche*
> *Con la cucharilla*
> *Lo revolvió*

Bebió el café con leche
Dejó la taza
Sin hablarme
Encendió un cigarrillo
Hizo anillos
De humo
Volcó la ceniza
En el cenicero
Sin hablarme
Sin mirarme
Se puso de pie
Se puso
El sombrero
Se puso
El impermeable
Porque llovía
Y se marchó
Bajo la lluvia
Sin decir palabra
Sin mirarme
Y me cubrí
La cara con las manos
Y lloré

JACQUES PRÉVERT,
Desayuno

2. El poema siguiente se caracteriza por:
a) Disposición verbal: los versos se reúnen, se enlazan, en conjuntos de tres, cinco, cuatro, tres y tres.

b) **Tema:** el poema habla de un enlace, de un encuentro.

Infinita esta noche
y este rincón
y el tiempo
El juego de dejar caer el verbo
en el café
que antes
me saboreó por dentro
mis adjetivos sueltos
Pronombre personal donde me habito
en primera persona
de un yo muy singular y de poemas
que a veces pluralizo en la que llega
Sustantivo tan propio que al nombrarte
me nombra
en el paisaje
Sujeto de los dos
y el predicado
es una tarde que festeja sueños.

ARIEL RIVADENEIRA,
Tarde

Crear matrices propias

La espacialización se puede encarar de diversas maneras. Podemos crear nuestros propios moldes. Dice Ernesto Cardenal: «La poesía más que a base de ideas, debe ser a base de cosas que entran por los sentidos (...) Las más importantes de las imágenes son las visuales; la mayor parte de las cosas nos entran por la vista.»

Dibujar el poema implica una selección de las palabras dependiente también de su extensión. El placer de manipular el lenguaje es evidente en este tipo de trabajo poético en que, a menudo, se eliminan los signos de puntuación. Una posibilidad es buscar la coincidencia entre lo que se dice y la forma gráfica en qué se expresa. Así, vemos las siguientes variaciones:

1. *La fragmentación.* Desde el punto de vista temático, en el siguiente poema, la separación entre las dos partes segmenta la partida entre la vida y la muerte:

> *Alguna vez ha de ser*
> *La muerte*   *y la vida*
> *me*   *están*
> *jugando*   *al ajedrez*

GERARDO DIEGO,
Limbo

2. *El vaivén.* El siguiente poema, de Manuel Maples Arce, y del que transcribimos un fragmento, se titula *Hamaca* y juega con el balanceo, el vaivén, vinculado al tema erótico, sensual, y las palabras «van y vienen» por el espacio de la página:

> *sudor*
> *caricia fría*
>   *y el*   *hamaca*
>   *balan*   *de mi*
>   *ceo*

més lentamente
dulce esclava
el tibio aliento
                    abanico perfumado
canta sin llorar
                    Dinah mi amada
hojas por todas partes
            mezco a mis sueños
bajo   un   toldo   de   palmeras   verdes
(...)
aprieta   fuerte
        mi negra desnuda
            me   más
                    o

3. *Los contrastes.* La distribución depende de contrastes entre versos muy breves —de una palabra— y otros largos, de una manera aparentemente arbitraria, pero que coincide con el pensamiento del poeta. Ejemplo:

Búfalo Bill
ha muerto
        él cabalgaba
en un caballo semental color de plata y agua
y rompía unadostrescuatrocinco palomasdeunsaque
                                        Jesús
era un hombre hermoso
            y lo que yo quiero saber es
cuánto le gusta su muchacho de los ojos azules
Señor Muerte

Justamente—
primavera   *cuando el mundo es barro—*
exquisito el pequeño
hombre cojo de los globos

silba lejano y pequeñito
y edybil llegan
corriendo por bolitas y
a lo pirata y es
primavera
el raro

viejo de los globos silba
lejano y pequeñito

y betysabel vienen bailando
en la rayuela y saltando la cuerda y
es primavera
y
el
hombre de las patas de chivo
el de los globos silba
lejano
y
pequeñito

E. E. Cummings

4. *Los caligramas*. Creados por Guillaume Apollinaire y empleados por los poetas vanguardistas, son poemas cuya peculiar disposición tipográfica permite

visualizar determinados objetos de la realidad. Ejem-plo:

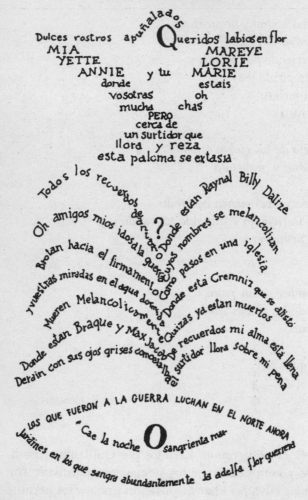

LA PALOMA APUÑALADA
Y EL SURTIDOR[1]

Dulces rostros apuñalados Queridos labios en flor
MIA   MAREYE
YETTE   LORIE
ANNIE   y tu   MARIE
donde   estais
vosotras   oh
mucha   chas
PERO
cerca de
un surtidor que
llora y reza
esta paloma se extasia

Todos los recuerdos de antaño
Oh amigos mios idos a la guerra ¿Donde estan Raynal Billy Dalize
cuyos nombres se melancolizan
Brotan hacia el firmamento Como pasos en una iglesia
y vuestras miradas en el agua dormida Donde esta Cremniz que se alisto
Mueren Melancolicamente ¿Quizas ya estan muertos
Donde estan Braque y Max Jacob De recuerdos mi alma esta llena
Derain con sus ojos grises como el alba El surtidor llora sobre mi pena

LOS QUE FUERON A LA GUERRA LUCHAN EN EL NORTE AHORA
Cae la noche O sangrienta mar
Jardines en los que sangra abundantemente la adelfa flor guerrera

158

La estrategia

Intentar que la arquitectura verbal y el tema sean coincidentes.

9
El poema narrativo

¿Es posible narrar en un poema? La poesía no puede construir un mundo de referencias reales ni configurar un universo de acciones y sucesos. Sin embargo, podemos escribir poemas que cuenten algo.

El poema narrativo desarrolla uno o más aspectos del relato, que pueden ser el personaje, la acción, una situación precisa, un conflicto. Su particularidad es que lo hace a través del verso, por lo tanto, de la condensación. No se trata de recrear una realidad, sino de crearla en el poema con elementos de la narrativa.

Si bien aceptamos que en un poema se puede narrar, reconocemos que se trata de fragmentos en los que un elemento es el que nos permite generar el efecto de narración, pero las condiciones rítmicas del poema, ya sea un poema de versos regulares o libres, deben respetarse. Nunca debemos olvidar que poema es ritmo.

El personaje

Son numerosos los modos de encarar el personaje en un relato, y los observamos también en algunos poemas: el personaje autodefinido, descrito, contemplado y el analizado.

1. *El personaje que se autodefine* es el que habla de sí mismo. Ejemplo:

Soy un hombre, es mi título de nobleza.
Puede que sea una leyenda, puede que sea pasado.
En otro tiempo me llamaban Till
y el mismo Till continúo siendo.

EVGUENI EVTUSHENKO,
Monólogo de Till Ulenschpiegel

2. *El personaje descrito.* En el siguiente poema, José Agustín Goytisolo describe un personaje y el poema consiste en una enumeración de datos como si fuera una ficha.

Ella dio su voto a Nixon
Se llama Katheleen y es rubia
mide cinco pies nueve pulgadas
bien parecida treinta y cuatro años
estudió en el Colegio Presbiteriano de Akron
y se licenció en Literatura Española
por la New York University.

(...)
Ama la libertad pero dentro de un orden
opina que los negros no están aún maduros
asiste a los oficios regularmente
recibe a sus amigas los viernes por la tarde
y los martes almuerza
con su Ted en el Rotary Club.
(...)
Hoy ella ha amanecido en un cuarto de hotel
junto a un extraño hombre flaquito
y mientras busca un Alka-Seltzer
piensa que por la tarde llega Ted
y que el psiquiatra de vuelta en New York
ya aclarará todo este asunto.

3. *El personaje contemplado.* En *Sonatina*, Rubén Darío contempla un personaje: la princesa, y hace suposiciones acerca de ella.

La princesa está triste... ¿Qué tendrá la princesa?
Los suspiros se escapan de su boca de fresa,
que ha perdido la risa, que ha perdido el color.
La princesa está pálida en su silla de oro,
está mudo el teclado de su clave sonoro,
y en su vaso, olvidada, se desmaya una flor.
El jardín puebla el triunfo de los pavos reales.
Parlanchina, la dueña dice cosas banales,
y vestido de rojo pirueta el bufón.
La princesa no ríe, la princesa no siente;
la princesa persigue por el cielo de Oriente
la libélula vaga de una vaga ilusión...

4. *El personaje analizado.* En *Dora detrás,* Santiago Kovadloff emplea el tono afectivo para evocar a un personaje familiar e investigar tanto sobre este personaje y sobre sí mismo.

Tías, mis tías, mis muchas tías.
Mis tías sencillas, mis tías caseras, mis tías sonrientes.
Mis tías blancas, de piel tan blanca, mis tías gritonas.
Mi Cata. Mi Fenche. Mi Dora. ¡Mi tía Dora!
Mi Dora envuelta en gas, ahogada en gas, mi tía
                                            [asfixiada.

Dora desnuda en el baño bajo llave.
En la ducha bajo llave, dos vueltas de llave.
A solas con su cuerpo en el baño bajo llave.
Tía pequeña,
tía gorda,
tía fea.
Mi tía Dora a solas con su cuerpo.
A solas con su muerte azul, verdeazulada,
que la fue envolviendo,
que la fue abrazando,
que la fue cubriendo,
que la fue tomando,
que la fue meciendo,
que la fue doblando,
que la fue tumbando en el agua sonora, en la ducha
                                            [sorda,
aplastando bajo llave, dos vueltas de llave,
abriendo sus dedos,
helando sus ojos,
penetrando como un sueño que crece en oleadas,

que extirpa la voz, que muele las imágenes,
que va parando el corazón,
parándolo de a poco,
deteniéndolo,
acallando el corazón,
matándolo en el agua,
de a poco,
bajo llave,
en la ducha, entre gotas,
poco a poco,
ahogándolo,
oprimiendo,
hasta matarla.

Tía que hoy reencuentro como una incógnita más de
[mi vida.
Como una cosa más que no sé.
Como una cosa más que no tengo.
Como tanta cosa natural súbitamente extraña.
Súbitamente mía y perdida en la distancia.
¿Qué nos unió?
¿Qué fuiste para mí que hoy te reencuentro?
Brotabas de repente: bajita, taconuda, blanca.
En aquella tarde eterna que recuerdo para verte.
Venías con tu abrigo verde.
Puntual, tierna, sin sexo. Traías chupetines, una voz
[opaca.
¿Qué hacías en el baño baje llave?

Pienso en tus duchas. Quiero pensarlas sin pena.
Quiero mirarte desnuda y delirante bajo el agua.
¿Eras más en la ducha?

¿Eras más bajo llave?
¿Eras más hembra?
¿Eras más alta?
¿Eras más linda?
¿Eras más puta, eras más fuego, te rodeaban los hombres
[en el agua?

¿Te acercaban, te abrazaban,
te besaban, los hombres en la ducha?
¿Eras alta, Dora, eras intensa?
¿Estallaba tu soledad en el agua de la ducha,
se partía bajo llave, reventaba? ¿Florecía tu sexo,
eras feliz en el baño, bajo llave?
¿Eras feliz, Dora, fuiste feliz
mientras el gas verdeazulado te buscaba?

El episodio

Un episodio reúne una serie de aspectos vincula-
dos a una acción y también se pueden aludir mediante la poesía. En el siguiente poema de Antonio Machado, el episodio está constituido por una serie de
elementos principales, apenas esbozados como corresponde al poema narrativo, que son: tiempo, noche, espacio: botica; diálogo entre dos personajes.

Es de noche. Se platica
al fondo de una botica.
—Yo no sé,
don José,
cómo son los liberales
tan perros, tan inmorales.

—¡Oh, tranquilícese usté!
Pasados los carnavales,
vendrán los conservadores,
buenos administradores
de su casa.
Todo llega y todo pasa.
Nada eterno:
ni gobierno
que perdure, ni mal que cien años dure.

La situación

Es un aspecto del episodio, un momento preciso
que se puede detallar verso tras verso. Ejemplo:

Hubo una vez, hace ya mucho tiempo,
Que vivimos juntitos ella y yo,
O sea, de mi cabeza y de su cuerpo,
Yo la protegía y ella me alimentaba.
Son dos cosas distintas, pero marchan.
Y cuando venía un cliente, yo saltaba de la cama
Y me largaba muy educadamente a tomar unas copas,
Y cuando el otro aflojaba la mosca, le decía:
Muy señor mío, si desea volver por aquí, ya sabe... por
[favor.
Así nos llevamos tan bien ella y yo durante medio año.
En el burdel, que era nuestro hogar.

BERTOLT BRECHT,
Poemas y canciones

El diálogo

El clásico diálogo entre dos sujetos, o entre un sujeto con él mismo, con un objeto, un animal, etc., es otra posibilidad de crear un poema narrativo. Ejemplo:

Buenos días

Son las diez de la mañana.
He desayunado con jugo de naranja,
me he vestido de blanco
y me he ido a pasear y a no hacer nada,
hablando por hablar,
pensando sin pensar, feliz, salvado.

¡Qué revuelo de alegría!
¡Hola, tamarindo!,
¿qué te traes hoy con la brisa?
¡Hola, jilguerillo!
Buenos días, buenos días.
Anuncia con tu canto que sencilla es la dicha.

Respiro despacito, muy despacio,
pensando con delicia lo que hago,
sintiéndome vivaz en cada fibra,
en la célula explosiva,
en el extremo del más leve cabello.
¡Buenos días, buenos días!

Lo inmediato se exalta. Yo no soy yo y existo,
y el mundo externo existe,
y es hermoso, y es sencillo.

¡Eh, tú, gusanito! También hablo contigo
¡Buenos días, buenos días!
También tú eres real. Por real te glorio.

Saludo la blancura
que ha inventado el gladiolo sin saber lo que hacía.
Saludo la desnuda
vibración de los álamos delgados.
Saludo al gran azul como una explosión quieta.
Saludo, muerto el yo, la vida nueva.
(...)
¡Cómo tiemblan las hojas pequeñitas y nuevas,
las hojitas verdes, las hojitas locas!
De una en una se cuentan
un secreto que luego será amplitud de fronda.

Nadie es nadie: un murmullo
corre de boca en boca.

Cuando canta un poeta como cantan las hojas
no es un hombre quien habla.
Cuando canta un poeta no se expresa a sí mismo.
Más que humano es su gozo,
y en él se manifiesta cuando calla.
Comprended lo que digo si digo «Buenos días».

GABRIEL CELAYA,
Buenos días

El conjunto

Un conjunto que abarque varios personajes y una situación se puede desplegar en el poema. Ejemplo:

En *Primeras imágenes* de Alberto Mediza la situación personal incluye varios personajes y evoca la historia familiar.

Nací donde la muerte derramaba sus babas.
Hermano de mi padre, abuelito Ezequiel y primos míos,
ya voy hacia vosotros
                      con esa loca historia,
                                la nuestra.
Mirad cómo giran los ejes bajo el herrumbre opaco
                  de los años.

Aquí —mi madre lava la ropa en la tinaja
        y seca a plancha de carbón su cuero triste.
        Josengo larga espuma por la boca,
        al amparo de todos sus fantasmas.
        Evarista se llora, ajándose de vieja.
Aquí —yo me despido del mejor de mis trajes
        y Donato Mediza,
                    se echa el cuerpo
                a la espalda
        y va despacio.
Aquí —se pudre la madera
        del bosque donde empolla
                la miseria sus larvas.

Y Fredy, el más pequeño,
          le pregunta a su sombra
de cómo es que ha podido continuar
                    saboreando
los frutos indolentes
de ese ayuno salvaje.
Siento crecer ese rumor de cuerpos anegados, balbuceando
                    en sus páginas truncas,
                    así como así.

10
La economía de lenguaje

La poesía es una forma de conocimiento. Mediante la sugerencia, insinuando, podemos desarrollar un
tema que cada lector recibe desde su perspectiva particular. Lo que debemos conseguir es incitar estímu-
los provenientes de su tratamiento más que del tema.
El mismo tema puede enfocarse bajo infinitas modalidades. Sentimientos y pensamientos se organizan según el enfoque elegido, crean un conjunto autónomo
que puede incluir todo lo existente. Desplegar un tema desde una perspectiva filosófica, metafísica, me-
tafórica, triste o alegre, esperanzada o escéptica, uni-
versal o personal, es lo que nos permite el poema.
Pero, sobre todo, poesía implica la economía del lenguaje. Se descartan las descripciones y explicaciones
lógicas de la prosa en un poema. Dicha economía depende de una serie de pautas que se pueden aplicar
a la poesía breve o la más extensa. En primer lugar,
el haikú, poesía japonesa, es breve y significativa;
de ella podemos aprovechar su construcción sintética
y el trabajo de la imagen. Se dice que escribir haikú es
amar la imagen exacta e insólita. En segundo lugar,

analizamos cómo un poema largo puede resultar económico.

El poema breve: el haikú

Entre los poemas muy breves se destaca el haikú. Octavio Paz lo define como «una pequeña cápsula cargada de poesía capaz de hacer saltar la realidad aparente». Es poesía japonesa que concibe la existencia como frágil y precaria. De allí, surgen las siguientes características del haikú:

1. *El «inacabamiento»* del poema. El haikú parece no estar terminado o acabar con una interrupción. Ejemplo:

> *Vuelvo irritado*
> *—más luego, en el jardín:*
> *el joven sauce*

RYATA

2. *La indeterminación*. Se señalan elementos sin definirlos; se caracterizan por la ambigüedad. Ejemplo:

> *Noche de estío:*
> *el sol alto despierto,*
> *cierro los párpados.*

MORITAKE

Cómo se constituye

• Consta de diecisiete sílabas repartidas en versos de 5, 7 y 5 sílabas, en este orden:

```
_ _ _ _ _
_ _ _ _ _ _ _
_ _ _ _ _
```

Ejemplo:

> *Es primavera*
> *la colina sin nombre*
> *entre la niebla.*

BASHO

• No emplea la rima ni la versificación acentual. Ejemplo:

> *Año del tigre:*
> *niebla de primavera*
> *¡también rayada!*

• Emplea juegos de palabras con un sentido conceptual. Cada elemento aislado puede ser un motivo para la reflexión, un contacto con lo inasible. Se los ha asociado con el relámpago. Ejemplo:

Tregua de vidrio:
el son de la cigarra
taladra rocas.

• Incorpora cuatro perspectivas:

1. La contemplación objetiva del mundo y los elementos de la naturaleza:

> *La rama seca*
> *Un cuervo*
> *Otoño-anochecer.*

BASHO

2. La exaltación frente al cosmos:

> *Luna montañesa*
> *también iluminas*
> *al ladrón de flores.*

ISSA

3. La referencia, a veces melancólica, al hombre:

> *Bajo las abiertas campánulas*
> *comemos nuestra comida,*
> *nosotros, que sólo somos hombres.*

BASHO

4. La referencia específica a los animales:

Al Fuji subes
despacio —pero subes,
caracolito.

Miro en tus ojos,
caballito del diablo,
montes lejanos.

Maravilloso:
ver entre las rendijas
la Vía Láctea.

Issa

• Formalmente, el haikú se divide en dos partes, apela al choque de dos mecanismos:

1.ª parte: Es descriptiva. Ofrece la condición general y la ubicación temporal y espacial (otoño, invierno, mediodía, atardecer, un árbol, una flor, una roca, un ruiseñor).

2.ª parte: Es inesperada. Contiene un elemento activo.

La percepción poética surge del choque entre ambas partes. Ejemplo:

En esa cara
hay algo, hay algo... ¿qué?
Ah, sí, la víbora.

Issa

• Utiliza combinaciones insólitas de sonidos. Especialmente emplea los siguientes:
1. Onomatopeyas.

> Un viejo estanque:
> salta una rana ¡zas!
> chapalateo.

BASHO

2. Aliteraciones. En este ejemplo aparece el fonema «b» cuatro veces:

> Narciso y biombo:
> uno al otro ilumina,
> blanco en lo blanco.

BASHO

3. Imágenes sonoras. Parte de la sonoridad de un hecho y la traslada al poema. En el siguiente ejemplo, el rumor de la llovizna se traslada a un rumor imaginado como plática entre dos elementos inanimados:

> Llovizna: plática
> de la capa de paja
> y la sombrilla.

RYOTO

• Emplea traspasos. Traspasa elementos de una realidad a otra como método para conseguir las reuniones sorpresivas y generar la chispa. Ejemplo:

> Luna de estío:
> si le pones un mango,
> ¡un abanico!

Sokán

Antonio Machado glosó este poema en *Nuevas canciones*, demostrando el traspaso hecho de la luna al abanico y del conjunto a la dama.

> A una japonesa
> le dijo Sokán:
> con la luna blanca
> te abanicarás,
> con la luna blanca a orillas del mar.

• El humor simple, directo, es el que trabajan los poetas más modernos en el haikú.

Ejemplo 1: *Hormigas sobre un
grillo inerte. Recuerdo
de Gulliver en Liliput.*

Ejemplo 2: *Mientras lo cargan
sueña el burrito amosquilado
en paraísos de esmeralda.*

Ejemplo 3: *El pequeño mono me mira*
¡quisiera decirme
algo que se le olvida!

La estrategia

Un método para economizar lenguaje es señalar algo de nuestro entorno al azar y vincularlo con otra cosa muy distinta: emplear imágenes disímiles con un lenguaje simple y cotidiano, y lograr una conjunción natural que provoque asombro al lector.

El poema extenso

Mediante los mecanismos de transformación es posible sugerir más de lo dicho en un poema extenso. Emplear metáforas, imágenes o una serie de comparaciones nos permite no describir o no decir algo explícitamente, procedimiento básico de la poesía, y jugar con el doble sentido. Ejemplo:

Fresco sonido extinto o sombra, el día no me encuentra.
Sí, como muerte, quizá como suspiro,
quizá como un solo corazón que tiene bordes,
acaso como límite de un pecho que respira;
como un agua que rodea suavemente una forma

y convierte a ese cuerpo en estrella en el agua.
(...)
Como joven silencio, como verde o laurel;
como la sombra de un tigre hermoso que surte de
la selva;
como alegre retención de los rayos del sol en el
plano del agua;
como la viva burbuja que un pez dorado inscribe
en el azul del cielo.
Como la imposible rama en que una golondrina no
detiene su vuelo...
El día me encuentra.

VICENTE ALEIXANDRE,
La noche

1 1

Decir y querer decir

¿Cómo trabajamos el tema en el poema? En un poema, el mensaje no se construye sólo gracias al significado habitual de las palabras, sino a un segundo sentido que depende en gran parte del contexto. Por lo tanto, podemos disponer el tema de distintas maneras. Lo trabajamos a partir de su núcleo y sus derivaciones, y así destacamos lo que queremos decir aunque no lo explicitemos.

En el siguiente poema, una décima, el tema se plantea en los cuatro primeros versos y en los restantes se completa el pensamiento.

> Sueña el rico en su riqueza,
> que más cuidados le ofrece;
> sueña el pobre que padece
> su miseria y su pobreza;
> sueña el que a medrar empieza,
> sueña el que afana y pretende;
> sueña el que agravia y ofende;
> y en el mundo, en conclusión,

todos sueñan lo que son
aunque ninguno lo entiende.

CALDERÓN DE LA BARCA,
La vida es sueño

El tratamiento del tema

Un tema puede ser tratado directamente o como símbolo.

1. Directamente. Entre otros, un tema directo bastante abundante en la poesía es el del «amor a la dama». Podemos comparar su tratamiento en un poema clásico y otro actual:

En el primero, «incendio hermoso» y «partido en dos esferas breves» indican el fuego del amor; «los duros Alpes» se refiere al rostro de la amada, su boca por sus perlas, sus dientes, es Oriente.

En este incendio hermoso que, partido
en dos esferas breves, fulminando,
reina glorioso, y con imperio blando
auctor es de un dolor tan bien nacido;

en esta nieve, donde está florido
mayo, los duros Alpes matizando;
en este Oriente, donde están hablando
por coral las sirenas del sentido;

debajo de esta piedra endurecida,
en quien mi afecto está fortificado

184

y quedó mi esperanza convertida,
yace mi entendimiento fulminado.
Si es su inscripción mi congojosa vida,
dentro del cielo viva sepultado.

FRANCISCO DE QUEVEDO

En el segundo, el amor está concentrado en una
visión menos intimista, más social, y la amada pasa
del plano individual al colectivo.

Tus manos son mi caricia
mis acordes cotidianos
te quiero porque tus manos
trabajan por la justicia

si te quiero es porque sos
mi amor, mi cómplice y todo
y en la calle codo a codo
somos mucho más que dos

tus ojos son mi conjuro
contra la mala jornada
te quiero por tu mirada
que mira y siembra futuro

tu boca es tuya y mía
tu boca no se equivoca
te quiero porque tu boca
sabe gritar rebeldía

si te quiero es porque sos
mi amor, mi cómplice y todo
y en la calle codo a codo
somos mucho más que dos

y por tu rostro sincero
y tu paso vagabundo
y tu llanto por el mundo
porque sos pueblo te quiero

y porque amor no es aureola
ni cándida moraleja
y porque somos pareja
que sabe que no está sola

te quiero en mi paraíso
es decir que en mi país
la gente viva feliz
aunque no tenga permiso

si te quiero es porque sos
mi amor, mi cómplice y todo
y en la calle codo a codo
somos mucho más que dos

MARIO BENEDETTI

2. *Como símbolo*. Un tema puede indicar otro tema no mencionado. En este caso, el primero se convierte en símbolo del segundo. En el siguiente poema, el tema mencionado es la soledad que aparece como símbolo de muerte.

Y esta mujer se ha despertado en la
noche,
y estaba sola,
y ha mirado a su alrededor,
y estaba sola,
y ha comenzado a correr por los
pasillos del tren,
de un vagón a otro,
y estaba sola,
y ha buscado al revisor, a los mozos
del tren,
a algún empleado,
a algún mendigo que viajara
oculto bajo un asiento,
y estaba sola,
y ha gritado en la oscuridad,
y estaba sola,
y ha preguntado
quién conducía,
quién movía aquel horrible tren.
Y no le ha contestado nadie,
porque estaba sola,
porque estaba sola.
Y ha seguido días y días,
loca, frenética,
en el enorme tren vacío,
donde no va nadie,
que no conduce nadie.

DÁMASO ALONSO,
Los hijos de la ira

El tema social

La palabra puede ser un arma certera y convincente. Es el caso de la poesía social. Agudizar las percepciones para conseguirlo es lo que encara el poeta al escribir poemas que intentan representar a una comunidad, un pueblo, un país, y conmueven al mundo. En muchos casos, se prestan para que los cantautores le pongan música y el objetivo se cumple: la poesía social es coreada por el público que siente de la misma manera. El sentimiento es colectivo y se constituye en torno a un lamento, un deseo, una esperanza, un grito compartido.

En el siguiente poema, la clave está en la palabra «cantamos», acción expresada en primera persona del plural, y nexo que une los dos polos del sentimiento colectivo: el recuento o la memoria y el deseo o la ilusión.

POR QUÉ CANTAMOS

Si cada hora viene con su muerte
si el tiempo es una cueva de ladrones
los aires ya no son los buenos aires
la vida es nada más que un blanco móvil

usted se preguntará por qué cantamos

si nuestros bravos quedan sin abrazo
la patria se nos muere de tristeza
y el corazón del hombre se hace añicos
antes aún que explote la vergüenza

usted se preguntará por qué cantamos
si estamos lejos como un horizonte
si allá quedaron árboles y cielo
si cada noche es siempre alguna ausencia
y cada despertar un desencuentro

usted se preguntará por qué cantamos

cantamos porque el río está sonando
y cuando suena el río / suena el río
cantamos porque el cruel no tiene nombre
y en cambio tiene nombre su destino

cantamos porque el niño y porque todo
y porque algún futuro y porque el pueblo
cantamos porque los sobrevivientes
y nuestros muertos quieren que cantemos

cantamos porque el grito no es bastante
y no es bastante el llanto ni la bronca
cantamos porque creemos en la gente
y porque venceremos la derrota

cantamos porque el sol nos reconoce
y porque el campo huele a primavera
y porque en este tallo en aquel fruto
cada pregunta tiene su respuesta

cantamos porque llueve sobre el surco
y somos militantes de la vida
y porque no podemos ni queremos
dejar que la canción se haga ceniza.

Mario Benedetti,
Cotidianas

Los procedimientos

La realidad pasa por el filtro del lenguaje y el producto es la poesía social. Dice José Saramago: «Todo lo que pasa en la cabeza de un hombre puede y debe ser llevado a un papel o a un cuadro. No debe haber embudo que lo filtre. La dimensión de lo que entra debe ser igual a la dimensión de lo que salga a la hora de escribir o de crear.»

Los procedimientos para conseguirlo son variados. Todo puede ser aprovechado para lograr la contundencia que requiere la poesía social, no caer en el panfleto y conmover al lector, despertarlo, movilizarlo. Las más variadas formas expresivas son empleadas con buenos resultados para señalar, analizar, destacar, una situación que afecta a muchos y se desea fervientemente transformar. Entre ellos, señalamos: la arenga, la declaración de principios, la conversación, la confesión judicial, el cuestionario.

1. *La arenga*. El parlamento, el sermón, pueden darnos el tono justo. Ejemplo:

LA POESÍA ES UN ARMA CARGADA DE FUTURO

Cuando ya nada se espera personalmente exaltante,
mas se palpita y se sigue más acá de la conciencia,
fieramente existiendo ciegamente afirmando,
como un pulso que golpea las tinieblas,

cuando se miran de frente
los vertiginosos ojos claros de la muerte,
se dicen las verdades:
las bárbaras, terribles, amorosas crueldades.

Se dicen los poemas
que ensanchan los pulmones de cuantos, asfixiados,
piden ser, piden ritmo,
piden ley para aquello que sienten excesivo.

Con la velocidad del instinto,
con el rayo del prodigio,
como mágica evidencia, lo real se nos convierte
en lo idéntico a sí mismo.

Poesía para el pobre, poesía necesaria
como el pan de cada día,
como el aire que exigimos trece veces por minuto,
para ser y en tanto somos dar un sí que glorifica.

Porque vivimos a golpes, porque apenas si nos dejan
decir que somos quien somos,
nuestros cantares no pueden ser sin pecado un
adorno.
Estamos tocando el fondo.

Maldigo la poesía concebida como un lujo
cultural por los neutrales
que, lavándose las manos, se desentienden y evaden.
Maldigo la poesía de quien no toma partido hasta
mancharse.

Hago mías las faltas. Siento en mí a cuantos sufren
y canto respirando.
Canto, y canto, y cantando más allá de mis penas
personales, me ensancho.

Quisiera daros vida, provocar nuevos actos,
y calculo por eso con técnica, qué puedo.
Me siento un ingeniero del verso y un obrero
que trabaja con otros a España en sus aceros.

Tal es mi poesía: poesía-herramienta
a la vez que latido de lo unánime y ciego.
Tal es, arma cargada de futuro expansivo
con que te apunto al pecho.
No es poesía gota a gota pensada.
No es un bello producto. No es un fruto perfecto.
Es algo como el aire que todos respiramos
y es el canto que espacia cuanto dentro llevamos.

Son palabras que todos repetimos sintiendo
como nuestras, y vuelan. Son más que lo mentado.
Son lo más necesario: lo que tiene nombre.
Son gritos en el cielo, y en la tierra, son actos.

GABRIEL CELAYA,
Cantos íberos

2. *La declaración de principios.* Declarar lo que pasa, a qué lugar se pertenece y qué se desea; declarar los principios que señalan una forma de vida y una forma de lucha, es otra posibilidad. Ejemplo:

Vientos del pueblo me llevan,
vientos del pueblo me arrastran,
me esparcen el corazón
y me aventan la garganta.

Los bueyes doblan la frente,
impotentemente mansa,
delante de los castigos:
los leones la levantan
y al mismo tiempo castigan
con su clamorosa zarpa.

No soy de un pueblo de bueyes,
que soy de un pueblo que embargan
yacimientos de leones,
desfiladeros de águilas
y cordilleras de toros
con el orgullo en el asta.
Nunca medraron los bueyes
en los páramos de España.

¿Quién habló de echar un yugo
sobre el cuello de esta raza?
¿Quién ha puesto al huracán
jamás ni yugos ni trabas,
ni quién al rayo detuvo
prisionero en una jaula?

Asturianos de braveza,
vascos de piedra blindada,
valencianos de alegría
y castellanos de alma,
labrados como la tierra
y airosos como las alas;
andaluces de relámpagos,
nacidos entre guitarras
y forjados en los yunques
torrenciales de las lágrimas;
extremeños de centeno,
gallegos de lluvia y calma,
catalanes de firmeza,
aragoneses de casta,
murcianos de dinamita
frutalmente propagada,
leoneses, navarros dueños
del hambre, el sudor y el hacha,
reyes de la minería,
señores de la labranza,
hombres que entre las raíces,
como raíces gallardas,
vais de la vida a la muerte,
vais de la nada a la nada:
yugos os quieren poner
gentes de la hierba mala,
yugos que habéis de dejar
rotos sobre sus espaldas.
(...)
Si me muero, que me muera
con la cabeza muy alta.
Muerto y veinte veces muerto,

194

la boca contra la grama,
tendré apretados los dientes
y decidida la barba.

Cantando espero a la muerte,
que hay ruiseñores que cantan
encima de los fusiles
y en medio de las batallas.

MIGUEL HERNÁNDEZ

3. *La conversación*. El tono conversacional, dirigido a una segunda persona, implica cierta emotividad necesaria también para la poesía social.

En *Pelotas gigantes*, Tom Clark apela a la metáfora: el referente es la pelota de plástico; primero, es el juguete real y, más tarde, ocupa el lugar del corazón de la gente.

Te acercas a mí con un libro.
Las instrucciones que lees me transportan más allá del
                                        [nacimiento,
a la infancia y a un patio donde salta una pelota:
La ciudad está silenciosa;
hay sólo una diversión
la de tirar la pelota contra la pared y esperar
a ver si rebota;
un día
la pared se trastoca
la pelota rebota en sentido contrario
cruzando la barrera hacia el futuro
donde engendra ocupaciones, nombres;

éstos se conocen como el corazón humano; un músculo;
una mujer lo adopta, entra en su pecho
ella cae de un tren,
la mujer rebota quinientas millas hacia su niñez,
el corazón se le cae de la ropa
tú lo recoges
le das vuelta en la mano
la marca de fábrica
es la de un conocido fabricante de pelotas.

Elástica, flexible, sí pero esto es horrendo
dices
su cuerpo es fláccido no plástico
tu corazón se ha salido ahí,
lo vuelves a colocar en el pecho y continúas tu camino

4. *La confesión judicial.* El tono de confesión,
como si se estuviera frente a un tribunal, permite la
denuncia con mayor facilidad. Ejemplo:

Soy un autor dramático. Muestro
lo que he visto. Y he visto mercados de hombres
donde se comercia con el hombre. Esto
es lo que yo, autor dramático, muestro.

Cómo se reúnen en habitaciones para hacer planes
a base de porras de goma o de dinero,
cómo están en la calle y esperan,
cómo unos a otros se preparan trampas
llenos de esperanza,
cómo se ahorcan mutuamente,
cómo se aman,

cómo defienden su presa,
cómo devoran...

Esto es lo nuestro.
Refiero las palabras que se dicen.
Lo que la madre le dice al hijo,
lo que el empresario le ordena al obrero,
lo que la mujer le responde al marido.
Palabras implorantes, de mando,
de súplica, de confusión,
de mentira, de ignorancia...
Todas las refiero.

Veo precipitarse nevadas,
terremotos que se aproximan.
Veo surgir montañas en medio del camino,
ríos que se desbordan.
Pero las nevadas llevan sombrero en la cabeza,
las montañas se han bajado de automóviles
y los ríos enfurecidos mandan escuadrones de policías.

BERTOLT BRECHT,
Canción del autor dramático

5. *El cuestionario.* Confeccionar un cuestionario, inocuo aparentemente, pero sólo aparentemente, es otro modo transgresivo de decir lo que se piensa.

Nicanor Parra, en *Antipoesía,* analiza, a partir de una serie de interrogantes, y como si fuera un cuestionario dirigido al lector, la cara oculta de la poesía, como excusa para insinuar cuál debería ser su función.

Qué es la antipoesía:
¿Un temporal en una taza de té?
¿Una mancha de nieve en una roca?
Un azafate lleno de excrementos humanos
¿Como lo cree el padre Salvatierra?
¿Un espejo que dice la verdad?
¿Un bofetón al rostro
Del Presidente de la Sociedad de Escritores?
(Dios los tenga en su santo reino)
¿Una advertencia a los poetas jóvenes?
¿Un ataúd a chorro?
¿Un ataúd a gas de parafina?
¿Una capilla ardiente sin difunto?

Marque con una cruz
La definición que considere correcta.

6. *La noticia periodística.* Se retoman noticias y preocupaciones populares. Ejemplo:

NOCHE TRISTE DE OCTUBRE, 1959

Definitivamente
parece confirmarse que este invierno
que viene será duro.
Adelantaron
las lluvias, y el Gobierno,
reunido en Consejo de Ministros,
no se sabe si estudia a estas horas
el subsidio de paro
o el derecho al despido,

198

o si sencillumente, aislado en un océano,
se limita a esperar que la tormenta pase
y llegue el día, el día en que por fin
las cosas dejen de venir mal dadas.
En la noche de octubre,
mientras leo entre líneas el periódico,
me he parado a escuchar el latido
del silencio en mi cuarto, las conversaciones
de los vecinos acostándose,
todos esos rumores
que recobran de pronto una vida
y un significado propio, misterioso.
Y he pensado en los miles de seres humanos,
hombres y mujeres que en este mismo instante,
con el primer escalofrío,
han vuelto a preguntarse por sus preocupaciones,
por su fatiga anticipada,
por su ansiedad para este invierno.

Mientras que afuera llueve.
Por todo el litoral de Cataluña llueve
con verdadera crueldad, con humo y nubes bajas,
ennegreciendo los muros,
goteando las fábricas, filtrándose
en los talleres mal iluminados.
Y el agua arrastra hacia la mar semillas
incipientes, mezcladas en el barro,
árboles, zapatos cojos, utensilios
abandonados y revuelto todo
con las primeras Letras protestadas.

JAIME GIL DE BIEDMA

El tratamiento satírico

Satirizar es otro modo de tratar un tema para desenmascarar algo. Se adopta un tono crítico e irónico, y se muestra el lado humorístico de las cosas. Sus recursos son la burla, la obscenidad, la expresión descarnada. Sus objetivos, poner al descubierto los males de la condición humana. Se consigue crear polémica desdramatizando. Está en la base de la canción de protesta. Mezcla lo bajo y lo sublime, los tonos, lo trágico y lo cómico.

Lope de Vega hizo esta satírica descripción de Madrid:

> *Lugar de tantos cuidados*
> *que se dan y se reciben;*
> *lugar donde tantos viven*
> *envidiosos y envidiados.*

Se puede recurrir a la parodia para escenificar lo que se desea transmitir. En «La United Fruit Co.», de *Canto general*, Pablo Neruda hace la parodia del Génesis para hablar del mundo actual y señala las diferencias entre las clases sociales apelando a referentes concretos.

*Cuando sueno la trompeta
todo preparado en la tierra
y Jehová repartió el mundo
a Coca-Cola Inc., Anaconda,
Ford Motors, y otras entidades:
la Compañía Frutera Inc.
se reservó la más jugosa,
la costa central de mi tierra,
la dulce cintura de América.
Bautizó de nuevo sus tierras
como «Repúblicas Bananas»,
moscas Ubico, moscas húmedas
de sangre humilde y mermelada,
moscas borrachas que zumban
sobre las tumbas populares,*

*y sobre los muertos dormidos,
sobre los héroes inquietos
que conquistaron la grandeza,
la libertad y las banderas,
estuvo estableció la ópera bufa
enajenó los albedríos,
regaló coronas de César
desenvainó la envidia, atrajo
la dictadura de las moscas,
moscas Trujillo, moscas Tachos
moscas Carías, moscas Martínez,
moscas de circo, sabias moscas
entendidas en tiranía.
Entre las moscas sanguinarias
la Frutera desembarca...*

Algunos mecanismos

Algunos mecanismos para conseguir el poema satírico son los siguientes:

1. *La conjunción temática*: amalgama de dos cuestiones contradictorias y polémicas. En *Las réplicas a Franc Gontier*, François Villon conjuga el sexo y la religión:

*Sobre blandos cojines recostado, un orondo canónigo,
Cerca de un buen fuego en una estancia bien alfombrada,
Yaciendo junto a él doña Sidonia,
Blanca, tierna, lustrosa y adornada,
Bebiendo hipocrás noche y día.
Riendo, jugueteando, haciéndose mimitos y besándose,*

Desnudos para estar más a gusto,
Los vi a los dos por un agujero del tabique;
Entonces comprendí que para mitigar las penas
No hay mejor cosa que vivir a su aire.

2. *La repetición.* Repetir una frase aparentemente inocente es otro mecanismo que emplea el poema satírico. Así, se consigue el ritmo que todo poema exige y la insistencia, a modo de estribillo, de la idea clave.

NO PIDO MUCHO

No pido mucho:
poder hablar sin cambiar la voz;
caminar sin muletas;
hacer el amor sin que haya que pedir permiso;
escribir en un papel sin rayas.
O bien, si parece demasiado:
escribir sin tener que cambiar la voz;
caminar sin rayas;
hablar sin que haya que pedir permiso;
hacer el amor sin muletas.
O bien, si parece demasiado:
hacer el amor sin que haya que cambiar la voz
escribir sin muletas;
caminar sin que haya que pedir permiso;
hablar sin rayas.
O bien, si parece demasiado...

Canción del grupo Veneno,
texto Miquel Martí i Pol

3. *Las metáforas y las imágenes*. Ciertas metáforas e imágenes, humorísticas en muchos casos, potencian la idea de sátira en un poema. En la siguiente composición, metáforas como «moños (...) que les liban las nalgas» o imágenes como «pezones fosforescentes» son muy significativas:

EXVOTO
(A las chicas de Flores)

Las chicas de Flores tienen los ojos dulces, como las almendras azucaradas de la Confitería del Molino, y usan moños de seda que les liban las nalgas en un aleteo de mariposa.

Las chicas de Flores se pasean tomadas de los brazos, para transmitirse sus estremecimientos, y si alguien las mira en las pupilas, aprietan las piernas, de miedo de que el sexo se les caiga en la vereda.

Al atardecer, todas ellas cuelgan sus pechos sin madurar del ramaje de hierro de los balcones, para que sus vestidos se empurpuren al sentirlas desnudas, y de noche, a remolque de sus mamás —empavesadas como fragatas— van a pasearse por la plaza para que los hombres les eyaculen palabras al oído, y sus pezones fosforescentes se enciendan y se apaguen como luciérnagas.

Las chicas de Flores viven en la angustia de que las nalgas se les pudran, como manzanas que se han dejado pasar, y el deseo de los hombres las sofoca tanto que a veces quisieran desembarazarse de él como un corsé, ya que no tienen el coraje de cortarse el cuerpo a pedacitos y arrojárselo a todos lo que les pasan la vereda.

OLIVERIO GIRONDO

12
Qué es escribir un poema

¿Cuál es el proceso productor del poema? Se vincula a la disposición personal y a la disposición en el espacio textual.

Refiriéndose al primer aspecto, Stephen Spender en su ensayo *La confección de un poema* señala: «Siempre hay una ligera tendencia del cuerpo a sabotear la atención de la mente proporcionando alguna distracción. Si esta necesidad de distracción puede ser dirigida en una dirección (como el olor de las manzanas podridas o el sabor del tabaco o el té), entonces las otras distracciones son eliminadas. Otra posible explicación es que el esfuerzo concentrado que supone escribir poesía es una actividad espiritual que hace que se olvide completamente, por el momento, que se tiene un cuerpo. Es una perturbación del equilibrio del cuerpo y de la mente, y por ese motivo se necesita una suerte de ancla de sensación en el mundo físico.»

En cuanto al segundo aspecto, escribir poesía es, en buena medida, elegir las palabras, destacar más unas que otras, organizarlas y distribuirlas, siguiendo los dictados de una necesidad o un deseo íntimo. Entonces, el proceso que da como resultado un poema se remite a una elección subjetiva frente a la página en blanco. De la disposición de algunas palabras clave depende la fuerza temática.

Al mismo tiempo, la poesía es un enfrentamiento entre la interioridad del poeta y el mundo. De este choque surge el modo de expresar el tema. Un tema puede expresarse directamente o ser el símbolo de otro: camino recto o atajo. Aunque en poesía, como dijo un poeta, no hay giro ni rodeo que no sea una afanosa búsqueda del atajo, de una expresión directa.

El proceso mental

La concreción del poema procede de diferentes vías motivadoras, a las que también podemos recurrir conscientemente. Entre ellas, destacamos las siguientes:

1. *Las evocaciones.* Los recuerdos, la memoria, son la clave de nuestra existencia: somos lo que fuimos. El material evocado es inagotable a la hora de escribir poesía y se lo puede trabajar de todas las maneras. Una de ellas es hacer hincapié en la memoria misma. Ejemplo:

> *No recortéis, tijeras, esa cara*
> *ya sola en mi memoria tan vacía,*
> *no hagáis del grande rostro suyo atento*
> *mi neblina de siempre.*

EUGENIO MONTALE,
No recortéis, tijeras, esa cara

La estrategia

Situarse mentalmente en un período de tiempo, específico y breve, vivido por nosotros, y visualizar imágenes sucesivas de ese período para recatar la más fuerte y convertirla en imagen escrita.

2. *Un plan o una idea*. Podemos planificar un poema a partir de las ideas más disímiles: desde una lista de nudos temáticos hasta el juego de palabras con un sentido preciso. Es decir, desde el punto de vista del tema y desde el punto de vista del discurso textual.

a) El tema. Drummond de Andrade escribe cada poema como un manifiesto. Organiza sus poemas según el siguiente criterio: «El lector encontrará como puntos de partida o materia de la poesía:

1) El individuo; 2) La tierra natal; 3) La familia; 4) Amigos; 5) El choque social; 6) El acontecimiento amoroso; 7) La propia poesía; 8) Ejercicios lúdicos; 9) Una visión, o tentativa de, de la existencia.»

b) El juego de palabras. Alejandra Pizarnik establece juegos poéticos con unas poças palabras clave que podemos suponer planificadas previamente. El siguiente poema está construido con miedo, amor y muerte:

dice que no sabe del miedo de la muerte del amor
dice que tiene miedo de la muerte del amor
dice que el amor es muerte es miedo

dice que la muerte es miedo es amor
dice que no sabe

3. *El lenguaje coloquial.* Convertir todo en poesía es lo que propone el mismo Drummond de Andrade: «las frases escuchadas al pasar, los letreros públicos, los anuncios de periódicos».

Él lo hace respetando el lenguaje cotidiano que configura según un ritmo, fluctuando entre la prosa poética y el verso libre, en el que la enumeración desordenada es sólo aparente. Ejemplo:

Imposible componer un poema a esta altura de la evolución de la humanidad.

Imposible escribir un poema —aunque sea una línea— de verdadera poesía.

El último trovador murió en 1914.

Tenía un nombre del que ya nadie se acuerda.

Hay máquinas terriblemente complicadas para las necesidades más simples.

Si quiere fumar un cigarro oprima un botón.

4. *La transgresión.* Como decíamos, escribir un poema es rebelarse, transgredir. La transgresión puede desplegarse en diferentes campos.

Para los poetas de la generación *beat,* como Charles Olson, el poema es *un constitutivo de alta energía* que debe llegar al lector de la manera más directa, abierta, natural; los ritmos no pueden estar sujetos a normas, sino surgir de la energía que el poeta siente. No aceptan ningún sistema de métrica. El poema es un *encadenamiento sucesivo y rápido de percepciones crecientes*. La extensión del verso depende del ritmo respiratorio del poeta en el momento de la creación y el poema se construye «de la cabeza a la sílaba por medio del oído; y del corazón a la línea o verso por medio de la respiración». En éstos y en muchos otros poetas, la transgresión suele efectuarse especialmente en el campo de las sintaxis. Ejemplo:

> *Las rosas amo del jardín de Adonis*
> *Esas volubles, amo, Lidia, rosas.*
> *Mueren el mismo día*
> *Que nacen: luz eterna*

FERNANDO PESSOA,
Odas de Ricardo Reis

5. *El campo sensorial*. Podemos producir un poema a partir del campo sensorial, como lo hace Federico García Lorca en el siguiente poema, en el que tenemos la siguiente relación de palabras:

- Visual: «luces».
- Táctil: «seda».
- Auditiva: «campanas».
- Olfativa: «lirios».

> *Se ha llenado de luces*
> *mi corazón de seda*
> *de campanas perdidas,*
> *de lirios y de abejas.*

Cómo comenzar

De qué modo comenzamos el poema para conseguir nuestro objetivo es otro punto clave sobre el que debemos reflexionar.

¿Cómo es el verso inicial? Mallarmé distingue dos maneras convenientes de iniciar un poema:

- El comienzo misterioso; los presentimientos y las dudas.
- El resonar de una música estridente como, según él, lo hace Víctor Hugo.

En la práctica, algunas variantes para iniciar un poema pueden ser las siguientes:

1. *Un interrogante*. Una de las funciones de la poesía es interrogar. Por lo tanto, el interrogante siempre será un mecanismo productivo para escribir un poema o iniciarlo. Si el primer verso es una pregunta incluimos de entrada al receptor que se siente apelado e interpelado. Ejemplo:

> *¿Qué imagen de la muerte rigurosa,*
> *qué sombra del infierno me maltrata?*

> Francisco de Quevedo,
> *Obra poética, n.º 368*

2. *Una explicación.* Podemos iniciar el poema explicando algo. Ejemplo:

Porque nos encontramos en el atardecer
Bajo la sombra del reloj de la estación
Mientras mi sombra estaba muriendo en Lima
Y tu fantasma estaba muriendo en Lima.

ALLEN GINSBERG,
A un viejo poeta en el Perú

3. *Una afirmación.* Podemos iniciar el poema afirmando algo. Ejemplo:

Sí aquí estoy
parado
sobre la cresta de la montaña
más alta con una trompeta
en la mano y con anteojos
oscuros.

CARL WENDELL HINES (junior),
Dos poemas de jazz

4. *Una negación.* Podemos iniciar el poema negando algo. Ejemplo:

Nunca creas todo lo que se dice
Los lobos no son tan malos como los corderos.
Yo he sido un lobo toda mi vida,

Y tengo dos hermosas hijas
Para probarlo, mientras que podría
Contarte historias enfermas de
Corderos que recibieron su justo merecido.

KENNETH REXROTH,
Lobos

El intermedio

Un poema no tiene desarrollo, en el sentido de la narrativa, del cuento, por ejemplo. Tiene un intermedio más o menos extenso entre el verso o los versos iniciales y el final. Las posibilidades de generarlo son innumerables —casi tantas como poemas existen. Como método, se puede recurrir, entre otras, a las señaladas más arriba. Así, combinar algunas de las fórmulas anteriores es un modo de elaborar un poema. En el siguiente poema se combina la afirmación y la integración:

Al pasar de los años,
¿qué sentiré leyendo estos poemas
de amor que ahora está desnuda
la historia de mi vida frente a mí,
en este amanecer de intimidad,
cuando la luz es inmediata y roja
y yo soy el que soy
y las palabras
conservan el calor del cuerpo que las dice?

Serán memoria y piel de mi presente
o sólo humillación, herida intacta.

Pero al correr del tiempo,
cuando dolor y dicha se agoten con nosotros,
quisiera que estos versos derrotados
tuviesen la emoción
y la tranquilidad de las ruinas clásicas.
Que la palabra siempre, sumergida en la
        hierba,
despunte con el cuerpo medio roto,
que el amor, como un friso desgastado,
conserve dignidad contra el azul del cielo
y que en el mármol frío de una pasión
        antigua
los viajeros románticos afirmen
el homenaje de su nombre,
al comprender la suerte tan frágil de vivir,
los ojos que acertaron a cruzarse
en la infinita soledad del tiempo.

Luis García Montero,
Cabo Sounion

Cómo es el final

El final del poema puede resolverse empleando
los mismos procedimientos que usamos para el inicio:
un interrogante, una afirmación, una negación, una
explicación o, entre otras posibilidades, podemos finalizar el poema con una descripción simple.

En el caluroso camarote desvencijado
una cucaracha roja recorre tu sexo dormido,
otras verdes o negras celebran sus ritos
sueñan desveladas nuestros sueños.
De pronto, te despiertas y me miras:
en tus ojos abiertos, el horror de la vida.

Las actitudes del poeta

¿Qué posición asume el poeta frente a la realidad? Puede aceptarla o rebelarse, pero en cualquier caso, lo que transciende es su experiencia subjetiva.

¿Cómo condensamos la actitud del poeta? Cada poeta es un mundo y de este mundo proviene su actitud creativa. Sin embargo, hay algunos puntos claves que, aunque no todos los poetas los compartan, pueden entenderlos como actitudes peculiares que no lo deja indiferentes.

Una actitud indiscutible es la subjetiva, el poema como producto del mundo privado de cada poeta; luego, la incorporación de la totalidad existente; y, por último, el modo en que encara y transforma la realidad y que, según indica Pedro Salinas en poetas de distintas épocas, va desde la aceptación hasta la rebelión.

Entre las claves fundamentales citamos las siguientes:

1. La experiencia subjetiva.
2. La incorporación total.
3. La transformación de la realidad.

La experiencia subjetiva

Dice Maurice Blanchot: «En un pasaje de Malte, Rilke dice que "los versos no son sentimientos sino experiencias. Para escribir un solo verso hay que haber visto muchas ciudades, hombres y cosas..." Sin embargo, Rilke no quiere decir que el verso sea la expresión de una personalidad rica, capaz de vivir y de haber vivido. Los recuerdos son necesarios, pero para ser olvidados, para que en ese olvido, en el silencio de una profunda metamorfosis, nazca al fin una palabra, la primera palabra de un verso.»

La incorporación total

Todo lo existente, real o imaginario, es incorporado por el poeta. «Está allí —señala Hugo von Hoffmansthal—, cambiando silenciosamente de lugar, siendo sólo ojo, oreja, y no recibiendo su color sino de las cosas sobre las que reposa. Es el espectador, no, es el compañero oculto, el hermano silencioso de toda cosa, y el cambio de sus colores le resulta un íntimo tormento, porque sufre de toda cosa, y goza de ellas al mismo tiempo que sufre. Este poder de doloroso placer es el contenido de su vida. Sufre de tanto sentir las cosas, sufre de cada una y de todas a la vez, sufre con lo que tienen de singular, con la coherencia que las une, sufre con lo que en ellas es elevado, sin valor, sublime, vulgar; sufre como sus estados y sus pensamientos... No puede descuidar nada. Sobre ningún ser, sobre ninguna cosa, ningún fantasma, ningún fantasma nacido de un cerebro humano, puede cerrar los ojos. Es como si sus ojos no tuviesen párpados. No puede alejar ninguno de los pensamientos que lo acosan pretendiendo que pertenecen a otro orden, porque en el suyo cada cosa debe encontrar su lugar. En él todo debe y todo quiere encontrarse... Ésta es la única ley a la que está sometido: no prohíbe el acceso a su alma a ninguna cosa.»

La transformación de la realidad

Pedro Salinas señala los siguientes modos de vincularse con la realidad que analiza en algunos poetas, correspondientes a épocas precisas, pero que encaramos como descripción de una actitud que nos puede aportar alguna idea y no como recuento histórico:

1. *La reproducción de la realidad.* El escritor respeta el modelo y los minuciosos detalles, describe con precisión. Implica la exactitud de referencias geográficas, los itinerarios, las descripciones. «El poeta —escribe Pedro Salinas— tiene que revisar, confirmar y aprobar la realidad», y cita como ejemplo el *Poema de Mío Cid* y un romance viejo, anónimo:

> *Las moras llevan la ropa,*
> *los moros harina y trigo,*
> *y las moras de quince años*
> *llevaban el oro fino,*
> *y los moricos pequeños*
> *llevan la pasa y el higo.*

2. *La aceptación de la realidad.* Interrogar la realidad y aceptarla es otra actitud que señala Salinas. Ejemplo:

> Este mundo es el camino
> para el otro, qu' es morada
> sin pesar;
> mas cumple tener buen tino
> para andar esta jornada
> sin errar
>
> Este mundo bueno fue
> si bien usásemos dél
> como debemos.

> JORGE MANRIQUE,
> *Coplas por la muerte de su padre*

3. *La evasión de la realidad.* Librarse de la vida terrena, de la cual está desilusionado, es el objetivo del poeta y es la actitud que tiene frente a la poesía, vía de liberación. Ejemplo:

> Aquí la envidia y mentira
> me tuvieron encerrado
> ¡Dichoso el humilde estado
> del sabio que se retira
> de aqueste mundo malvado!
> Y con pobre mesa y casa
> en el campo deleitoso
> con sólo Dios se acompasa,

y a solas su vida pasa:
ni envidiado ni envidioso.

FRAY LUIS DE LEÓN

4. *La rebelión contra la realidad.* La rebelión se da, principalmente, en los poetas románticos, como José de Espronceda, o en los poetas sociales hasta nuestros días. «Por un momento el poeta ama al mundo y tiene en él esperanzas sin cuento —señala Salinas. Pero viene el contacto. El hombre se acerca a la realidad, le pide que le dé aquello que él ambiciona, y que le pareció imposible encontrar en ella: amor, hermosura, gloria, virtud. Y conforme va comparando los sueños de su alma, esto es, los componentes de su mundo interior, de su mundo poético, con las formas del mundo real, sus entusiasmos y su fe decrecen vertiginosamente.»

Qué dicen los poetas

¿Cuál es la condición del poeta? ¿Cómo abordar la poesía y el poema? Las confesiones de muchos poetas, centradas en el proceso y en la vinculación entre experiencia, vivencias y lenguaje, puede constituir un estimulante programa de trabajo. Entre ellas, las siguientes:

— Prestar atención a la experiencia completa

Dice Paul Éluard:

«La creación se da cuando coincide la circunstancia exterior con la circunstancia del corazón.»

— Ser una caja de resonancia

Dice Juan Gelman:

«El poeta es hablado por lo que escribe, de manera que efectivamente el poder de videncia está en la lengua; en el poeta lo que hay es una caja de resonancia enorme que es capaz de verter lo que la lengua carga, lo que la lengua revela en su oscuridad... El no saber sabiendo es la característica de la poesía, el poeta muchas veces se sorprende de lo que escribe y se entera de lo que le pasa leyendo lo que escribió.»

— Resistir a las palabras

Dice Francis Ponge:

«Supongo que se trata de salvar a algunos jóvenes del suicidio y a otros de que entren en la poli o en los bomberos. Pienso en quienes se suicidan por asco, porque encuentran que "los demás" tienen demasiada parte en ellos.

»Se les puede decir: dejad que *hable* la minoría de vosotros mismos. Sed poetas. Entonces responderán: pero es ahí precisamente, es ahí sobre todo donde yo siento a los otros en mí mismo, cuando intento expresarme y no lo consigo. Las palabras están ya hechas y se expresan: no me expresan. De nuevo, me ahogo.

»Es entonces cuando enseñar el arte de *resistir a las palabras* se vuelve útil, el arte de no decir más que lo que se quiere decir, el arte de violentarlas y someterlas. En suma, fundar una retórica, o más bien enseñar a cada uno el arte de fundar su propia retórica, es una obra de salud pública.

»Esto salva a las únicas, a las pocas personas que importa salvar: las que tienen la conciencia y la preocupación y el cansancio de los otros en sí mismos.

»Los que pueden hacer avanzar al espíritu, y, hablando propiamente, cambiar la cara de las cosas.»

— Recrear las cosas

Dice Vicente Huidobro:

> *Por qué cantáis la rosa, ¡oh, Poetas!*
> *Hacedla florecer en el poema;*

> *Sólo para nosotros*
> *Viven todas las cosas bajo el Sol.*

> *El poeta es un pequeño Dios.*

— Considerar la poesía como un fenómeno sagrado

Según Stéphane Mallarmé:
«Todo lo sagrado que quiere continuar siendo sagrado se envuelve en el misterio. Las religiones se escudan al abrigo de arcanos que se desvelan sólo al predestinado: el arte tiene los suyos.»

— Considerar la poesía como una vía de conocimiento

Afirma Vicente Aleixandre:

«Intenté crear una serie de personajes distintos del autor y diferentes también entre sí que me sirvieran como *perspectivas u órganos de conocimiento* a cuyo través se pudiera ofrecer la multiplicidad como tal del universo.»

— Decir cosas distintas con las palabras de todos los días

Dice Octavio Paz:

«En el poema, la linealidad se tuerce, vuelve sobre sus pasos, serpea: la línea recta cesa de ser el arquetipo en favor del círculo y la espiral. Hay un momento en que el lenguaje deja de deslizarse y, por decirlo así, se levanta y se mece sobre el vacío; hay otro en el que cesa de fluir y se transforma en un sólido transparente –cubo, esfera, obelisco– plantado en el centro de la página. Los significados se congelan o se dispersan; de una y otra manera, se niegan. Las palabras no dicen las mismas cosas que en la prosa; el poema no aspira ya a decir sino a ser.»

— Escribir, siempre escribir, con rima o sin rima

Mientras unos defienden la rima, otros la atacan.
Para Tolstoi los poetas «son personas que saben encontrar una rima para cada palabra y combinar las palabras de diferentes maneras».

Y Saltikov-Schedrin señala, refiriéndose a la rima: «No comprendo por qué es necesario caminar sobre un hilo y, además, agacharse cada tres pasos.»

— ¿Es arte del demonio o brujería
esto de escribir versos? –Le decía
no sé si a Campoamor o Víctor Hugo
un mozo de chirumen muy sin jugo–.

— Enséñame, maestro, a hacer siquiera
una oda chapucera.

— Es preciso no estar en sus cabales
para que un hombre aspire a ser poeta;
pero, en fin, es sencilla la receta:
forme usted líneas de medidas iguales,
luego en fila las junta,
poniendo consonantes en la punta.

— ¿Y en el medio?
— ¿En el medio?
¡Ése es el cuento!
¡Hay que poner talento!

RICARDO PALMA,
Epigrama